全民阅读体育知识读本

U0558689

滑冰——技巧与艺术的结合

盛文林/著

台海出版社

图书在版编目（CIP）数据

滑冰：技巧与艺术的结合 / 盛文林著. －－北京：
台海出版社，2014.7

（全民阅读体育知识读本）

ISBN 978－7－5168－0438－4

Ⅰ.①滑… Ⅱ.①盛… Ⅲ.①速度滑冰－基本知识
②花样滑冰－基本知识 Ⅳ.①G862

中国版本图书馆 CIP 数据核字（2014）第 174939 号

滑冰：技巧与艺术的结合

著　者：盛文林	
责任编辑：俞滟荣	装帧设计：视界创意
版式设计：林　兰	责任印制：蔡　旭

出版发行：台海出版社

地　　址：北京市朝阳区劲松南路 1 号　　邮政编码：100021

电　　话：010－64041652（发行，邮购）

传　　真：010－84045799（总编室）

网　　址：www.taimeng.org.cn/thcbs/default.htm

E－mail：thcbs@126.com

经　　销：全国各地新华书店

印　　刷：北京一鑫印务有限公司

本书如有破损、缺页、装订错误，请与本社联系调换

开　　本：655×960　　　1/16

字　　数：130 千字　　　　　　印　　张：12

版　　次：2014 年 10 月第 1 版　　印　　次：2021年 6 月第 3 次印刷

书　　号：ISBN 978－7－5168－0438－4

定　　价：29.60 元

前　言

　　滑冰是穿着特制的冰鞋在冰面上滑行的运动，是一项具有悠久历史的体育运动，它最早产生于生活在亚寒带或温带的人们冬季时在冰上的行走活动。原始的冰上行走逐步演化成现在的滑冰运动。滑冰是一项非常有益的体育活动，在世界很多地区是广受人们喜爱的冬季运动之一，是国内外冬季运动竞赛的主要项目之一，也是冬季奥林匹克运动会的正式比赛项目。

　　滑冰运动包括速度滑冰、短道速滑和花样滑冰三个大项目，滑冰既对技术提出了相应的要求，也是一门优美的艺术运动，速度滑冰追求速度，花样滑冰则要求技巧与艺术的结合，无论哪种滑冰项目，都能起到强身健体、陶冶身心的作用。

　　本书编写时参考了大量专业资料，从滑冰运动的起源与发展开始，对滑冰运动的场地设施、竞赛规则、技术战术、裁判标准、赛事组织及冰坛明星等方面内容都做了全面的介绍，为适应青少年的阅读习惯，力图做到简洁明了，内容以基础知识为主，以期帮助滑冰爱好者对这一运动有所了解，并能掌握基本的滑冰练习方法，指导自己进行科学、有效的滑冰项目的训练。

目 录

PART 1 项目起源

　　滑冰是一项具有悠久历史的体育运动，和许多体育运动一样，滑冰运动的产生与人们的生活实践有密切的联系。早期生活在温带和寒带的人类，冬季时常常在冰面上行走，这种最原始的冰上行走促使人们发明结实耐用的滑冰工具，并逐步演化成现在的滑冰运动。有关滑冰的最早记载是在公元 936 年，一个荷兰滑冰爱好者在冰上遇难。

　　据考古和历史工作者的考证，最原始的冰上滑行器是用兽骨制成的。古人捕猎到野兽后，发现把兽骨系在鞋上，就可以在冰上快速的滑动。

　　早在公元 8 至 10 世纪，瑞典就有了骨制冰刀。英国、荷兰、丹麦、瑞士、挪威和俄罗斯等许多国家都曾经发现这种骨刀。当时人们穿着这种骨刀在冰面滑行时，尚需借助与滑雪杖相似的木杖。随着历史的发展，制作工艺的进步，骨制冰刀逐渐演变成木制、铁制冰刀，最后演变为现代的钢制冰刀。

兽骨冰鞋

　　1250 年，荷兰出现了固定在木板上的铁制冰刀。1572 年英格兰的一个铁匠制成了第一副全铁式冰刀，这副冰刀有锋利的内刃、外刃和前端弯曲的刀尖。全铁冰刀的诞生标志着现代滑冰运动的开始。

PART 2 历史发展

世界滑冰运动历史发展

速度滑冰

速度滑冰是以冰刀为工具在冰上进行的一种竞速运动。由男子 500 米、1000 米、1500 米、5000 米、10000 米、全能、短距离全能、团体以及女子 500 米、1000 米、1500 米、3000 米、5000 米、全能、短距离全能、团体等多个项组成。在国际体育分类学上属于滑冰运动。

速度滑冰是一项历史悠久的运动，早在 11 ~ 12 世纪，在荷兰、英国、瑞士以及斯堪的纳维亚一些国家的早期文献中就有关于将动物骨骼绑在脚上在冰上快速移动的记载。有人在一本 12 世纪的英国手抄文献中找到老伦敦的居民利用非常简单的兽骨在冰上滑行的记载。尽管这些活动当时只是人们在冬季进行的一种游戏，或者说是冰上的一种代步工具，但却为现代速度滑冰运动的产生和形成奠定了基础。

13 世纪中期，在荷兰出现一种安装在木板上的铁制冰刀。1572 年，一位苏格兰人制造了第一副全铁制冰刀。

大约一个多世纪以后，作为军事训练和宫廷娱乐的冰嬉在中国开始兴起。17 世纪中期，一位荷兰人首次穿着冰刀沿冰面从一个城市滑到另一个城市。然而，这个时期的速度滑冰总体上讲仍然没有摆脱娱乐的性质。18 世纪以后，滑冰在英格兰迅速普及，并很快地发展成为一种竞赛活动。1742 年，第一个滑冰组织爱丁堡滑冰俱乐部在英格兰创立。1763 年 2 月 4 日，英国首次举行了距离为 15 英里的速度滑冰比赛。

最早的铁制冰刀

到了 19 世纪初，在荷兰也开始出现以竞速为内容的滑冰比赛。最早的比赛于 1805 年在荷兰北部弗里兰斯省的省会吕伐登举行，比赛的距离不是很长，并且是在一段直道上进行，130 多人的参赛者均为女子。根据记载，1823 年和 1840 年在沃德森德和多克姆都曾举行过类似的比赛，这两场比赛只限于男子。

随着国际交通与交流的发展，从 19 世纪 40 年代开始，速度滑冰从英格兰和荷兰迅速传到了其他国家，很多国家开始建立滑冰俱乐部，如美国的费城滑冰俱乐部、荷兰的阿姆斯特丹冰上俱乐部、挪威的克里斯蒂安尼亚滑冰俱乐部、俄国的圣彼得堡滑冰俱乐部、法国巴黎的塞尔克莱·德斯帕蒂讷尔俱乐部、奥地利的维也纳冰上协会、捷克的布拉格冰上俱乐部和特罗保冰上协会等。

1850 年，美国的布什内尔制造了第一副钢质冰刀，这为滑冰速度的提高创造了条件。

到了 19 世纪 70 年代，随着国际体育的发展，速度滑冰运动开展愈加广泛。一些国家建立了全国性的滑冰组织。1879 年，第一个全国性的滑冰领导机构——英国滑冰协会创立，不久，荷兰滑冰协会、加拿大速度滑冰业余爱好者协会、德意志滑冰协会以及奥地利冰上协会相继成立。

19 世纪后期，随着国际交流的不断加强，开始出现现代意义上的国际比赛。最初是国家与国家之间的小型比赛，其中最著名的是 1880 年在纽约布鲁克林区举行的 25 英里的比赛和 1885 年在挪威克里斯蒂安尼亚举行的对抗赛。在此期间，有三位挪威滑冰运动员阿克塞尔·保尔森和卡尔·沃纳以及哈拉尔·黑格对世界速度滑冰作出了卓越的贡献。

他们通过到各国比赛和表演，极大地推动了这项运动的发展和扩大了它的影响。保尔森也是管状速度滑冰冰刀的发明者，这一发明对推动现代滑冰的发展意义重大。

1885 年，在德国汉堡和荷兰吕伐登连续举行了两次大型的国际速度滑冰比赛。在此之后，类似的比赛在挪威奥斯陆和德国汉堡又举行过多次。在这些国际比赛活动中，人们遇到最多的问题就是关于比赛的场地规格、比赛项目以及竞赛的距离。针对这些问题，荷兰人提出了双跑道 2 人一组同时出发以及设立短、中、长距离比赛项目的建议，1888 年荷兰的建议被采纳。根据这一建议，荷兰和英国共同起草制定了一个规则。这是第一次确定国际速度滑冰比赛的规则。规则确立后，1889 年在荷兰阿姆斯特丹举行的世界冠军赛则成为第一次按照新规则举行的国际比赛。

在荷兰阿姆斯特丹冰上俱乐部的组织下，于 1889 年、1890 年以及 1891 年连续举办了 3 次世界滑冰冠军赛，1889 年比赛项目设有 5 英里、1 英里以及 1.5 英里 3 项，1890 年和 1891 年又增加了一项 5 英里。当时规则规定，只有获得全部项目第一名的运动员，才能被授予冠军称号，可是在 1889 年和 1890 年冠军赛中，由于没有一名运动员能赢得全部项目的第一名，所以无法产生出冠军。在 1891 年的比赛中，美国运动员约瑟夫·多诺格赢得全部项目的第一名，成为国际滑冰冠军赛的第一个冠军。

随着国际速度滑冰比赛的赛事越来越多、越来越频繁，以及各国滑冰协会的建立，人们觉得有必要成立一个居于各国滑冰协会之上的国际机构，以推动、领导世界速度滑冰运动的开展和协调、解决各国之间以及国际比赛中出现的问题。这时建立国际滑冰联盟之事自然被提到议事日程之上。

1892 年 7 月，在荷兰的倡议下，由荷兰滑冰协会主持，在荷兰鹿特丹北部的斯海弗宁恩召开了一次国际滑冰代表大会，这就是世界滑冰史上著名的第 1 届国际滑冰联盟代表大会。这次代表大会选举产生了国际滑冰联盟的领导机构，这一机构的确立奠定了国际速度滑冰竞赛的组织基础。国际滑冰联盟是继国际体操协会之后创立的第二个综合性国际单项体育组织。1893 年 1 月，在国际滑联的领导下，第 1 届世界男子速度滑冰锦标赛在阿姆斯特丹举行，世界锦标赛也由此走上了制度化的轨道。然而，在最初半个世纪的时间里，一直没有举办正式的女子比赛，直到 1933 年，世界女子速度滑冰锦标赛才开始举行。

1924 年，速度滑冰被列为冬奥会的正式比赛项目，最初设男子 500 米、1500 米、5000 米、10000 米以及全能 5 个项目。从第 2 届开始，取消了全能项目。1960 年，女子速度滑冰被列入冬奥会正式项目，进一步推动了速度滑冰运动的完善与发展。

20 世纪 90 年代中期，随着科技的进步，继 16 世纪钢制冰刀的出现和 19 世纪管状结构冰刀发明之后，一种新式的冰刀诞生了，速滑冰刀又经历了一次重大的变革。

新式冰刀产生于荷兰，是由荷兰著名运动生物力学专家纽斯·考宁博士开发研制的。1984 年荷兰专家提出新冰刀的原理并开始新冰刀的研制工作，但当时无人相信新冰刀的重大作用。1990 年荷兰速滑教练艾地·沃黑金任荷兰国家青年队主教练期间，对新冰刀的使用进行了大胆尝试，积极促进新冰刀的应用。1996 年荷兰女子国家队在国内比赛中开始使用新冰刀，她们参加国内及一系列世界大赛均取得较好成绩。1998 年在日本长野举行的第 18 届冬季奥林匹克运动会上，国际奥委会允许克莱普新式冰刀在冬奥会比赛中首次正式使用。在那届冬奥会上，速度滑冰冬奥会纪录和世界纪录几乎全部被刷新，尤其在美国盐湖城举行的第 19 届冬奥会上，又创造出一大批新的世界纪录，使速滑运动成绩空前大提高。

冬奥会速度滑冰在男、女短距离项目上美国占有优势。男子中距离挪威优势较明显，女子则是荷兰和德国。男子和女子长距离占优势的分别是荷兰和德国。

花样滑冰

尽管滑冰运动有着悠久的历史，但现代意义上的花样滑冰运动是近百年才兴起的事。早期由于冰刀刀身下面没有沟槽，只能滑"螺旋线"、"屈膝大一字"、"燕式平衡"及各种"切替步"等简单动作。到1860年时，在俄国彼得堡已有人把俄国民间舞蹈融合到滑冰之中，从而丰富了滑冰的内容和形式。同时，美国的"蹲踞旋转"动作也传到了维也纳。1892年，在荷兰阿姆斯特丹召开了一次各国滑冰协会代表联席会议，会议决定每年举行一次世界花样滑冰锦标赛和欧洲花样滑冰锦标赛。

1896年，在俄国彼得堡举行了第一次世界男子单人花样滑冰锦标赛；1906年，在瑞士达沃斯举行了第一次世界女子单人花样滑冰锦标赛；1908年，在俄国彼得堡举行了第一次世界双人花样滑冰锦标赛；1952年，在法国巴黎举行了第一次世界冰上舞蹈锦标赛。世界花样滑冰锦标赛从1896年开始到现在，每年都举行比赛。

冰嬉图

据考证，花样滑冰在我国最早开始于宋代，那时称"冰嬉"。现代花样滑冰是1930年前后由西方传入我国。解放以后，我国北方一些城市广泛开展冰上运动，花样滑冰随之发展起来。1980年我国首次参加冬季奥运会，现在，我国每年都举办全国性的花样滑冰比赛。

短道速滑

短跑道速度滑冰简称短道速滑，起源于加拿大。19世纪80年代，速度滑冰运动和冰球运动已经有了很大的发展，加拿大修建了许多室内冰球场，一些速度滑冰爱好者于是经常利用室内冰球场练习速度滑冰。到了90年代中期，加拿大的蒙特利尔、魁北克、温尼伯等城市相继出现室内速度滑冰比赛。尽管越来越多的地方出现短道速滑比赛，但最早的公开赛直到 20 世纪初期才在北美地区开始举行。1906 年，加拿大和美国联合举办了短道速滑的国际比赛。

自 1920 年起的 20 年间，北美地区的短道速滑迅速普及。1932 年冬奥会的组织者甚至把长道速滑改成类似于短道速滑的形式，其激烈程度也大大增加，引起许多观众的喜爱。最早的两届短道速滑世界锦标赛于 1976 和 1977 年举行，但直到 1977 年，短道速滑锦标赛才受到国际滑联的正式承认。1981 年在法国默东举行了第一届短道速滑世界锦标赛。

随着短道速滑受到越来越多人的认可，1988 年，在卡尔加里冬奥会上设置了短道速滑的 10 个表演项目，到 1992 年阿尔贝维尔冬奥会时，短道速滑成为正式比赛项目。

在阿尔贝维尔冬奥会上，短道速滑共设立了六个小项，即男女 500 米、1000 米和接力。到了盐湖城冬奥会时，短道速滑又加设了男女 1500 米的比赛，使短道速滑的金牌总数达到八枚。如今，短道速滑以其更加激烈的特点，吸引了越来越多的观众和参与者。

自 1842 年爱丁堡滑冰俱乐部诞生至今，滑冰运动已发展到世界各地，目前已经有 81 个国家和地区的滑冰组织加入了国际滑冰联盟。

国际滑联每年组织举办世界女子速度滑冰锦标赛、世界男子速度滑冰锦标赛、世界女子短距离速度滑冰锦标赛、冬季奥林匹克运动会花样滑冰比赛、世界花样滑冰锦标赛、国际滑冰联盟花样滑冰大奖赛、世界青少年速度滑冰锦标赛、世界短跑道速度滑冰锦标赛、欧洲男女速度滑冰锦标赛、世界花样滑冰锦标赛、世界青少年花样滑冰锦标赛、欧洲花样滑冰锦标赛等多项赛事，推动滑冰运动不断的发展与普及。

中国滑冰运动历史发展

中国是一个有着悠久历史文化的国家，早在先秦时期，根据有关文献与考证，有关冰雪运动的记载在阿尔泰地区古丁灵族中已有流传。中国最早的冰上运动叫"冰嬉"，冰嬉和北方地区使用滑雪板的片断记载，在隋唐五代和宋朝的古文献中都可以找到。近代清朝入关后，冰雪活动更加活跃。冰嬉不仅被列为军事训练科目，而且还建立有专门的管理机构。据清代《国朝衙署志》所载"玛特滑斯衙门"，即当时管理滑冰和冰上蹴鞠的机构。该机构于乾隆八年（1743 年）改为冰鞋处。初期冰刀为铁制，刃矮而厚，称"平条"，根据冰鞋的形状分为"乌拉滑子"、"木头底"、"趿拉板"、"鞋爬犁"和"山滑子"5 种。1727 年清雍正帝设立健锐营后，冰刀逐渐改为钢制，刃高而窄，称"立条"，冰鞋依据表演用途分为"犴皮呱达"、"鹿皮鞴子"和"云头靴子"3 种。

中国现代冰上运动始于 19 世纪末，自 1856～1860 年第二次鸦片战争以后，根据不平等条约，天津被迫向西方列强开放，成为通商口岸。1890 年，英租界工部局在紫竹林划地 5200 平方米，修建了一座游戏场，1895 年定名"英租界运动场"，同年就在这座运动场成立了天津滑冰俱乐部。1905 年，天津冰球俱乐部和北京冰球俱乐部相继成立，并从 1906 年开始举办京津埠际冰球赛。1903 年，在东北，随着"中东铁路"的建成，滑冰由俄国传入哈尔滨。1904 年日本从俄国手中夺取了中国南满铁路以及旅顺和大连的租借权，并在大连、沈阳等地开设了好几座日本学堂。1911 年，南满工业学校校友会和南满医学堂辅仁会相继成立滑冰部，滑冰又被引入到当时的南满。从 20 世纪 20 年代开始，滑冰在中国迅速开展起来。当时北京和天津对外开放和公开举办化妆溜冰晚会的冰场有北海漪澜堂冰场、中南海冰场、米市大街梅竹胡同北京基督教青年会冰场、清华园冰场、燕京大学冰场、天津宁园冰场、前俄公园冰场、特别三区公园冰场、南开大学冰场等，东北地区对外开放的冰场则有大连北公园冰场、镜池冰场、儿岛制冰所水池冰场、春日町贝宁水池冰场、奉天满铁运动场、南满医学堂运动场、安东六道沟冰场、鸭绿江冰场、长春儿玉公园冰场、哈尔滨扎亚克冰场以及抚顺永安台冰场等。自 1926 年开始，北京和天津校际之间经常举行滑冰和冰球比赛，其中较有影响的是 1932 年由北平五大学体育联合会主办的"北平五校联合冰球锦标赛"。

1932 年，华北体育协进会应体育界的要求，决定于 1933 年举行一次冰上表演会，作为华北运动会的组成部分。但由于日本侵略东北，全国掀起救亡运动，表演会被推迟到 1935 年。为迎接这次比赛，北平、河北省和东北区体育协进会纷纷组织选拔，1935 年 1 月 25 日至 26 日，第 19 届华北运动会冰上表演会在北平中南海举行。来自辽宁、吉林、黑龙江、热河、哈尔滨、河北、北平 7 个省、市 89 名运动员（其中女子 15 人）参加了速度滑冰、花样滑冰和冰球 3 个项目的比赛。

1949 年中华人民共和国成立，中国的冬季体育运动进入了一个新的发展时期。1953 年第 1 届全国冰上运动会在哈尔滨市举行，极大地推动了冰雪运动的开展，在政府的号召下，有条件的工厂、矿山、企业、学校、部队和山区，纷纷修建滑冰场和开辟简易滑雪场。到 1958 年，冰雪运动已发展到甘肃、宁夏、青海、新疆、辽宁、吉林、内蒙古、河北以及黑龙江 9 个省份和自治区的 130 多个地区和市县，参加冰雪活动的人数接近 25 万，其中仅哈尔滨市就有职工 5 万人，中、小学生近 6 万人。在此期间，滑雪集训队、冰上训练班、滑冰学校，在北方各地纷纷建立。速度滑冰、花样滑冰以及冰球单项全国性的赛会也相继开始定期举行。为促进冬季运动技术水平的提高，经国务院批准，国家体委决定从 1959 年开始举办全国冬季运动会，每 4 年一次，比赛项目包括速度滑冰、花样滑冰、冰球和滑雪。

为加强对冰雪项目的管理，促进中国冬季体育项目的国际交往，1955 年成立了中国冬季运动协会，并于 1956 年和 1957 年相继加入了国际滑冰联盟和国际冰球联合会。从 1955 年开始，国家有计划地邀请国外运动员来华访问比赛，聘请国外专家来华讲学，并选派运动员出国学习和参加比赛，有力地促进了运动技术水平的提高。1957 年，中国首次派出男、女速滑队参加世界锦标赛。1959 年，杨菊成在第 53 届世界男子速度滑冰锦标赛 500 米比赛中，首次为中国赢得 1 枚银牌。1961 年和 1962 年，刘凤荣又在世界女子速滑锦标赛上连续 2 次夺得全能第 4 名。1962 年世界锦标赛，王金玉和罗致焕双双跻身全能前 6 名，王金玉还夺得 1500 米比赛的第 3 名。从此，中国速度滑冰男、女项目均进入了世界先进行列。特别是 1963 年世界锦标赛，王金玉和罗致焕同时打破男子全能世界记录，罗致焕还在 1500 米比赛中为中国赢得了第一枚速度滑冰金牌，女运动员王淑媛则获得 1000 米第 2 名和全能第 6 名的成绩。

从 20 世纪 70 年代开始，国家加强了对冬季运动场馆和设施的建设。先是 1978 年和 1979 年在吉、黑两省建成了两处冰上运动训练基地，接着哈尔滨、齐齐哈尔、吉林又相继修建了几座人工冷冻滑冰馆，到 2002 年，中国已有标准人工冷冻速度滑冰场 4 座。

1978 年，为适应冬季运动的发展，中华全国体育总会决定建立冬季运动单项协会。1978 年短跑道速度滑冰传入中国，1983 年短道速滑被纳入全国和冬运会比赛项目，同年参加了在日本东京举行的世界锦标赛，并很快显示出在这个项目上的潜力和优势。在中国冬季运动发展史上最重要的时期是 20 世纪 80 年代中期以后。从这时开始，中国加强了对冰雪项目发展战略的研究，在全面总结中国冬季运动的发展历程和分析国际冰雪运动发展形势的基础上，对冰雪项目的布局进行了调整，将速度滑冰短距离、短跑道速度滑冰列为重点训练项目，作为振兴中国冬季运动的突破口，并提出了实现冬奥会突破奖牌零和金牌零的目标。在这一战略思想指导下，对项目的管理、预测、经费投入、后备人才培养以及重点运动员训练等，采取了一系列措施，使一些项目的运动技术水平迅速提高。很快，在速度滑冰和短道速滑项目上涌现出一大批优秀运动员，如速度滑冰的叶乔波、王秀丽、薛瑞红、刘洪波，短跑道速度滑冰的李琰、郭洪茹、张艳梅、杨阳、杨扬、王春露、孙丹丹、李佳军、安玉龙、冯凯、郭伟、李野，这些运动员在冬奥会和世界锦标赛为中国赢得了一系列荣誉。特别是短跑道速度滑冰，自 1988 年至 2003 年的 15 年间，先后获得多枚冬奥会奖牌，数十次赢得世界冠军。其中杰出的运动员是叶乔波和杨扬，取得了令世界滑冰界瞩目的成绩。叶乔波自 1988 年到 1994 年 3 次出席冬奥会，7 次参加世界锦标赛，获得冬奥会银牌 2 枚、铜牌 1 枚，2 次夺得速度滑冰女子短距离全能世界冠军，7

次获得单项第 1 名，1992 年冬奥会同短跑道速度滑冰运动员李琰为中国代表团赢得 3 枚银牌，使中国实现了冬奥会奖牌零的突破。杨扬从1994 年到 2003 年两次出席冬奥会，她赢得了过去五次短道速滑全能冠军。自 1998～1999 赛季世界杯设立短道速滑全能项目以来，大杨扬已经蝉联了三次女子全能冠军。在大概 20 次左右的世界大赛中，大杨扬18 次进入最后决赛，并且夺得其中的 12 项冠军。在世界锦标赛的个人项目中，大杨扬总共夺得 17 枚奖牌，包括 12 枚金牌、4 枚银牌和 1 枚铜牌。此外，杨扬还和队友合作夺得 6 枚接力项目的奖牌，其中包括 5次封金、1 次夺银。杨扬目前还保持着女子短道速滑 1000 米的世界纪录。在 2002 年盐湖城冬奥会上，杨扬先后在女子 500 米与 1000 米短道速滑中两度封后，实现了中国人在冬奥会上金牌"零的突破"。2003 年1 月，杨扬在十冬会短道速滑比赛中席卷 6 枚金牌，在随后的亚冬会短道速滑比赛中，她又为中国代表团独揽三金。

中国滑冰代表队已经成为极具实力的顶级滑冰运动团队，中国的滑冰运动也受到越来越多的参与与喜爱。

PART 3 目前状况

世界滑冰运动现状

　　国际滑冰运动经过漫长的发展过程，如今已经成为一项非常成熟的体育运动，吸引了很多的专业和业余的爱好者。

　　目前国际滑冰运动的现状有如下特点：首先是国际速度滑冰运动呈现多元化竞争趋势，但中心仍在欧洲。第二，从总体水平来看，国际速度滑冰运动水平提高较快，特别是女子项目，自从成为冬奥会的正式比赛项目以后，其发展尤为迅速。第三，近年来亚洲速度滑冰选手已成为国际速滑赛场上的一支重要力量，不断在各项国际赛事中取得突出的成绩。第四，随着人工室内速滑场的使用，进一步加速了国际速度滑冰运动的发展和变革。尽管滑冰运动越来越成熟与完善，但随着现代生活方式的变化，以及许多新兴体育运动的发展，国际速度滑冰运动也面临着滑冰人口下降的困境。

　　从专业滑冰运动员的训练来看，多种学科相结合、提高科学化训练程度是当前各滑冰强国的显著特点。各国滑冰组织越来越重视青少年的选材，把青少年速滑运动员的基础训练视为重点。在训练方法上，充分挖掘个体化特点，这已经成为当今优秀速度滑冰选手提高成绩的关键。

　　随着现代科技的发达，比赛器具和训练器材上不断有所革新，对比赛成绩的提高产生积极的作用。

　　在以上大的发展趋势下，各国滑冰运动又各有其特点，在此仅举荷兰、美国、日本三国为例。

荷兰滑冰运动

荷兰是开展速度滑冰运动历史悠久的国家之一，在国际速度滑冰竞赛史上占有非常重要的位置。20 世纪 60 年代以来，在国际冰坛男子项目上处于领先地位，现有近 2 万人参加速滑全年系统训练，拥有多座人工室内速滑场。荷兰还拥有一批热心于速度滑冰研究的高水平学者，他们在速度滑冰技术、速度滑冰工具、训练器材和训练理论等方面进行深入的研究。

1985 年在哥瑞特、斯肯诺、考宁等教授的带领下，荷兰一群科学家制造出了第一双带脚链的冰刀模型，这项研究一直继续到 20 世纪 90 年代中期，在长野冬奥会上所有的滑冰运动员都使用了克莱普冰刀，同时所有的世界记录都被打破了。荷兰是影响国际速滑运动走向的一支重要力量。

美国滑冰运动

美国是国际滑联早期的成员国之一，在滑联成立初期，也曾出现过著名的全能选手。但是，速度滑冰在美国只是一个地区性的小项目，由于缺少 400 米标准冰场，美国运动员经常利用人工冷冻冰球场进行训练，这使他们在滑跑频率、反应速度和弯道滑跑能力上受益匪浅。这是美国选手在短距离项目上一直占有一定优势的原因之一。

20 世纪 70 年代中期，美国著名女速度滑冰选手霍拉姆挂刀从教，她在考察了荷兰速度滑冰运动员的体能训练和技术教学工作的基础上，形成了一套具有鲜明特点的速度滑冰训练体系，并培养出了海登兄妹、道克特尔姐妹和鲍洛斯等一批优秀选手。霍拉姆的训练实践和理论深刻地影响着国际速度滑冰运动，可以称得上为国际速度滑冰运动发展史上的一个里程碑。

日本滑冰运动

日本具有开展冰雪运动的良好气候条件，是亚洲开展速度滑冰运动最早的国家，在国际速度滑冰发展史上，日本选手在短距离项目上占有重要地位。近年日本速度滑冰呈现了跃进态势，他们不仅在男子短距离项目上形成了一个占有优势的高水平群体，并且男女长距离项目也跨入了世界先进行列，震惊了国际冰坛。号称速度滑冰王国的荷兰曾于1995年派专人到日本考察速度滑冰训练情况。日本滑冰运动具有如下显著特点：

（1）日本是当今世界上拥有滑冰人口最多的国家，全国有16座人工制冷速滑场，雄厚的群众基础是日本速度滑冰运动水平较高的基本原因。

（2）日本实施层次鲜明而又有机衔接的人才战略。日本速度滑冰初、中级训练在小学和中学，高级训练在大学和企业。每个层次都有组织严密的教练和教员在指导训练工作。

（3）对技术教学和训练坚持严格和规范要求。日本人不受外界的议论和干扰，始终坚持适合日本人体质特点的技术方法。坚持丁字式平稳的起跑技术，并且取得了非常优异的成绩。

同时，由于广泛的群众基础与成熟的训练体系，日本的花样滑冰运动水平也非常高，是国际花样滑冰奖牌榜的常客。

中国滑冰运动现状

在速度滑冰比赛中，特别是短道速滑项目上，我国运动员的水平不断提高。1988年，李琰在卡尔加里冬奥会上的短道速滑表演项目中获得女子1000米金牌和500米、1500米铜牌。并创造1000米和1500米两项世界新纪录。1992年在阿尔贝维尔冬奥会上获得女子500米短道速滑银牌，这是中国短道速滑第一枚奥运奖牌。在1992年短道速滑世锦赛中获得500米和1000米两枚金牌。2003年任我国国家短道速滑队主教练。自此，我国在短道速滑比赛项目上不断取得进步，培养出杨扬、王濛、李佳军、周洋等世界级的优秀运动员，他们不断在国际重大赛事中取得优异成绩，也标志着我国速度滑冰水平的不断提升。

花样滑冰在中国的发展曾经长期徘徊不进，直到陈露 1990 年世青赛夺得女单亚军。中国花样滑冰运动员才开始在国际比赛中占有一席之地，1992 年，陈露先后夺得冬奥会第 6 名、世锦赛第 3 名，在世界舞台全面展示了中国花滑运动的新形象。此后，中国培养出越来越多的世界级的花样滑冰选手，成为世界花滑界的一支主要力量。

继陈露之后，中国花样滑冰选手申雪和赵宏博先后取得世锦赛亚军、日本 NHK 大奖赛冠军、大奖赛总决赛冠军和盐湖城冬奥会第三名等佳绩，成为国际冰坛公认的超级明星。

尽管滑冰运动在我国取得长足的发展和优异的成绩，但也必须看到其不足之处，在速度滑冰项目上，与国际高水平的滑冰运动员相比，我国运动员还存在一些不足之处：

（1）直道技术差距，通过数据分析，我国运动员滑行姿势下肢偏高，特别是膝关节和踝关节角度大，这是亟待解决的技术关键。直道自由滑行时间较长，在一个单步滑行过程中，非做功时间长，这必然影响整个全程滑行速度。

（2）弯道技术差距，主要表现为踝关节初始角度偏大，均在 91 度左右，这样就导致了重心位置偏后，甚至出现反支撑的现象，它不但不利于蹬冰动作的发力条件，而且对重心的控制也是不利的，由于下肢三大关节滑行姿势的角度过大，姿势必然过高，从而导致蹬冰距离短和思冰时间短，直接影响滑行速度。据有关资料介绍，国外优秀运动员弯道滑行时间，其踝关节角最低者达到 65 度左右。我们与之相比差距是明显的。

从未来来看，由于我国的滑冰运动有着比较广泛的群众基础，同时在场馆建设上也有着一定的优势，随着训练体系的成熟与科学化程度的提高，必将培养出更多优秀的滑冰运动员，使我的滑冰运动水平有一个更大的提高。

PART 4　场地设施

速度滑冰场地与设施

滑冰场地

标准速滑场地是一个露天的或室内的冰场，是由两条直线跑道连接两条弧度为 180 度的半圆式曲线跑道组成的两条封闭的曲线。场地的最大周长为 400 米，最小周长为 333.33 米，其内弯道半径不得小于 25 米或大于 26 米。每条跑道宽可为 4 米、4.5 米、5 米，两条跑道必须同宽，内弯道半径可为 25 米、26 米。

两条跑道用雪线划分开，并一直延伸到换道区（除终点外的两个弯道间的直道），分界线处的雪线不能冻结在冰面上，如果无雪则可以在弯道内的前 15 米和后 15 米每隔 50 厘米处，在弯道的其他路段每隔 1 米处，在直道上每隔 10 米处各放置一块高 5 厘米以下、宽 5 厘米，长 10 厘米的颜色鲜明的胶块、木块或其他适合的标志物。直弯道交界点上也要有明显的标志物，每个标志物高 20 ~ 25 厘米，底座直径为 15 厘米。

标准跑道的练习道至少要 3 米宽，若有可能越宽越好。

应在弯道和直道外设置防止意外事故的保护物，没有雪墙时应备有高 80 ~ 90 厘米、厚 15 厘米以上的保护垫。弯道处应在出弯道后至少延长 12 米以上的距离上设置效果更好的防护物。

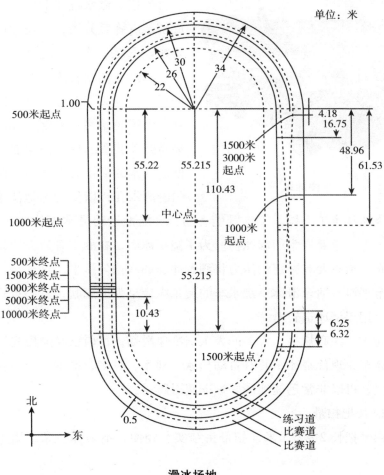

滑冰场地

器材设施

滑冰场器材与设施

为了维护滑冰场地的使用状态，滑冰场需要配备一系列器材设施，包括浇冰车、扫帚、推雪板、冰铲、点雪仪等。

1. 浇冰车

一般冰场普遍使用一种简单、轻便、人工操作的普通浇冰车。这种浇冰车是由底部为爬犁、上部为圆锥形储水桶和连接储水桶的洒水管等

浇冰车

装置构成。储水桶呈圆锥形，它的底部装有弹簧开关，当浇冰时，只要扭动开关，阀门就会自动弹起，水从圆锥底部顺着连接管流入洒水的横管，开关装置位于桶的圆锥底部，因桶底始终存有浇冰用水，不易将开关装置冻住，使用起来很方便。洒水的横管对着冰面有两排均匀的洒水孔，以便均匀地浇冰。在熟练浇冰技术工人操作下，既能省功，又能把运动员常用的冰面浇好，不致于由于重叠浇水而起冰楞。为了浇平冰面，在洒水管后面应设有橡胶拖布，拖布要有一定的压力将洒到冰面的水均匀拉平。这样浇出的冰面非常平滑，适合滑冰。浇水车的爬犁脚应呈弧形翘起，重心点垂直于冰面，用于浇冰道转弯。

对于一些高规格、大型的人工制冷速滑场，目前已经使用先进的现代浇冰车，现代浇冰车装有自动扫冰、刮冰、浇水、推雪、吸雪和储雪等装置，可以非常迅速地浇好标准速滑跑道。

2. 长把扫帚

扫帚把长 2～2.5 米，扫帚头结实、轻便，不易掉竹条，用于清扫冰面。

3. 推雪板

推雪板由铝合金或木板制成，把长约为 1.5 米，用于推雪。

4. 冰铲

冰铲一般用较厚的铁板制成，主要用来铲除冻在冰面上的杂物和冰包。

5. 点雪仪

点雪仪上部有储雪箱，底部有宽为 5 厘米，高 5 厘米的漏口，用人工操纵，将雪点播在跑道上，形成规整的雪线标志。

除以上器材设施，滑冰场还应准备一些浇冰常用的小工具，例如，抹冰缝用的冰抹子、饼子、扳子、热水壶或热水喷头，以便解冻洒水管。

运动员服装

速滑运动员的服装直接关系到比赛时技术动作的发挥和运动成绩的提高。无论是训练服还是比赛服，都以不妨碍肩、髋、膝等部位的动作幅度为准。运动员服装主要包括保暖服、练习服、比赛服、冰帽、手套和鞋套等。

1. 保暖服

在寒冷的环境中，运动员机体极需保暖。当今通常采用的保暖服，是轻便、便于更换的合体羽绒服。

2. 练习服

练习服要适应平时训练，赛前准备，以及教学、锻炼的需要，同样具有保暖、更换方便的特点。

3. 比赛服

比赛服是运动员在比赛中的专用服装，现代比赛服经过高科技设计，通常有减少空气阻力、动作自如、弹性好和有利于发挥技术水平的特点。

4. 冰帽、手套和鞋套等

用于保暖及保护运动中安全。

冰刀及其他设备

冰刀是速滑运动员最重要的器材，没有高质量的冰刀，就无法滑出最佳成绩，冰刀与提高滑行技术密切相关。目前使用的冰刀大体上有两种，一种是 1997 年以前所使用的传统冰刀。一种是荷兰人历经 10 年研制、在 1998 年长野冬奥会上大放异彩的克莱普冰刀（又称新式冰刀）。

比赛服

1. 传统速滑冰刀

由刀刃、刀管、前后刀托和小刀托构成，并且以前、后刀托的托盘与冰鞋结合成一体。冰刀的核心部分是刀刃，冰刀刃以较窄的优质钢制成，刀刃钢柔相兼，既锋利耐用，又柔和、富有弹性和良好的滑度。

传统速滑冰刀

2. 新式速滑冰刀

新式速滑冰刀采用航空材料、航空技术、超薄刀刃精心制作，重量轻、滑度好。新式冰刀与传统冰刀区别在于新式冰刀的后跟不与冰鞋直接连接，而是在冰鞋前部安装了转动装置，运动员做蹬冰动作时，冰鞋可以绕着连接冰刀的转动装置上下自由转动，这就加大了踝关节的活动幅度，保持整个冰刀与冰面的接触，有效的增加了推力，使运动员取得更好的成绩。

克莱普冰刀

3. 刀架与油石

冰刀在冰面上滑行时间长就会变得不锋利，必须进行研磨，冰刀的研磨必须固定在刀架上采用特殊的油石来完成。油石分为不同的型号，一般在开始研磨或开刃时用粗油石，越到最后使用的油石越油。

4. 刀套

刀套用来保护冰刀，防止与外界物体磕碰。经济型刀套采用塑料制成。理想的刀套采用牛皮制成。

5. 护目镜

护目镜用来保护眼睛不受强光刺激，以及不受前边滑跑队员蹬冰产生的冰沫影响。

6. 直刀器

直刀器是修理冰刀，使其保持平直度的实用的工具。

短道速滑场地与设施

滑冰场地

短道速度滑冰比赛场地冰面不得小于 30×60 平方米，使用椭圆形周长为 111.12 米的跑道，直道宽不少于 7 米，弯道弧顶标志块到板墙的距离不少于 4 米。弯道半径为 8 米，直道长为 28.85 米，弯道弧度匀称，每条弯道都要与两条直道均匀衔接。

短道速滑跑道的起点和终点用线标志，弯道用点标志。每个弯道须使用七个标志点，点间相距弧长 4.19 米（弦长 4.14 米）。在标志点上须放置标志块，标志块的形状、质地须由中国滑冰协会批准后方能使用。

为了保证冰面质量，除标准场地外，还备有另外四个场地，每个场地向标准场的任意方向移动一两米。所有场地使用一条终点线。

500 米半决赛和决赛时，场地只能由中间场地向后移动。

场地周围要设有防护板墙及防护垫，防护垫紧贴板墙。高不得低于 1 米，要盖住板墙。防护垫厚度不得少于 30 厘米，垫子必须压在冰面上。

器材设施

短道速滑是一项高速度的运动，同时在比赛中也会出现一些干扰对手的犯规行为，潜在的事故随时有可能发生，所以除滑冰场的通常设施外，对运动员的装备要求十分严格，这些装备有：

（1）符合现行的 ASTM 标准的短道速滑安全头盔。头盔没有突起，形状规则。

（2）耐切割的连指手套，一般是由皮革或不含羊毛的合成材料制成。

（3）以防切割的耐用材料制成的安全护腿。

（4）符合标准的 MU 型安全比赛服。

（5）长袖长裤的连身服。

短道速滑场地示意图

（6）带有软垫的硬壳护膝。

（7）符合标准的冰刀。要求是具有封闭的冰刀管及圆弧刀根。刀管最少有两点固定在鞋上，没有可动的部分。

（8）根据不同赛事，运动员须佩戴国际滑联或中国滑冰协会批准使用

头盔与服装

的护颈。

花样滑冰场地与设施

滑冰场地

标准的花样滑冰场地与短道速滑场地相同，为宽 30 米、长 60 米的滑冰场。

器材设施

除了冰场制作与维护设施外，花样滑冰场地内设有放音设备、录相

花样滑冰场

及视频播放设备等。

运动员配备有相应的冰刀和冰鞋，相对于速度滑冰与短道速滑，它的结构特点有所区别。花样滑冰的冰刀由具有一定厚度的特殊钢材制成，冰刀刀刃保持一定的弧度和均匀

的厚度，前部和后部弧度稍大些。刀刃自前至后为纵行的沟刃，两侧刀刃锐利，刀沟深度均匀一致。冰刀的内外两侧刃应平行，高度一致。冰刀的前端有刀齿，前上方是一个较突出的刀齿，为做跳跃动作点冰所用。下方接近冰面处也有一个突出的大刀齿，为做跳跃动作起跳以及落冰、做旋转动作起转时制动用。两个大刀齿之间的小刀齿为辅肋刀齿。花样滑冰冰刀的结构要

花样滑冰刀

适应音乐的技术动作和多变的滑行步法要求，所以因项目的不同，冰刀的形状也稍有区别。

花样滑冰服装分练习服和比赛服。练习服没有特殊要求，不影响各种运动的练习即可。比赛服，一般选用弹性很大而质地柔和的氨纶面料。服装朴素、典雅，男选手必须穿长裤，不得穿露胸无袖的服装。女选手必须穿连衣裙，不得穿上下分开的服装。裙子前后要掩盖臀部，并不得露肚脐。

PART 5 竞赛规则

速度滑冰竞赛规则

比赛项目

全国速度滑冰比赛包括以下项目：500 米、1000 米、1500 米、3000 米、5000 米和 10000 米。此外还可举行 300 米、600 米和 10000 米以上等项目的比赛，赛前由主办单位公布规定。

年龄与分组

速度滑冰按年龄可分为四组，分别为：

（1）成年组为 18 周岁以上；

（2）青年组为 16～17 周岁；

（3）少年组为 14～15 周岁；

（4）儿童组为 12～13 周岁。

注：经医生证明，少年甲组运动员可参加成年组比赛。

关于比赛场地的规定

1. 速度滑冰跑道

速度滑冰跑道分标准跑道和其他规格跑道。标准跑道是由两条直线跑道连接两条弧度为 180 度的半圆式曲线组成两条封闭的跑道。其最大周长为 400 米，最小周长为 333.33 米，两种跑道内弯道的半径不得小于 25 米、不得大于 26 米。如不能划出标准速滑跑道，可规定其他规格的跑道，划一全长不少于 300 米的双跑道，其内弯道半径不少于 18 米。换道区不少于 40 米，每条跑道宽不少于 2 米。

2. 速度滑冰跑道分界线

速度滑冰的两条跑道要用整齐的雪线划分出来，并一直延伸至换道区。雪线要保证不冻结在冰面上。如无雪，可将宽 5 厘米的橡皮、木块或其他合适的物质涂上协调颜色代替雪线。在此情况下，弯道的前和后 15 米每物块之间的距离为 50 厘米，弯道中间的每物块之间的距离为 1 米。直道上物块之间的距离为 10 米。其他界线是否符合规则规定由裁判长确定。

3. 速度滑冰防止意外事故的规则

为避免各种发生意外事故，赛前应对跑道进行测量验证，并要得到裁判长的批准。不准用固定木桩或类似东西标记跑道。标准跑道练习道至少 3 米宽。应在弯道和直道外设置防止意外事故的保护物。不能设雪墙时，应备有至少 15 厘米厚的保护垫子。

4. 速度滑冰跑道的丈量与标记

应由称职的测绘员丈量和标记跑道，起、终点的标记应清楚正确。赛前应将其签署的跑道证明书交给裁判长。应在离跑道内侧缘（分道线）0.50 米处计算跑道。要用色线清晰标出起、终点线。所有的起、终点线均是与直道线或直道线的延长成直角，并要画出弯道的正确角度和弯道弧度；预备起跑线应距起跑线后 1 米；终点线前 5 米每隔 1 米标出一条清晰色线（线宽均为 5 厘米，终点线为红色，其余均为蓝色，预备起跑线均为虚线）。标准 400 米跑道，500 米的起点线应设在终点的直道之内并与直道线成直角。1000 米的起点线应设在换道区中部，其终点线根据起跑线而定。1500 米的内道起跑线应与直道延长线成直角。其他规格的跑道，应尽量避免把起终点划在弯道上。

抽签

1. 速度滑冰比赛抽签会议

由裁判长公布参加单位和运动员报名情况及成绩分段方法，并主持按比赛顺序的公开抽签。抽签工作不得早于赛前两天，应于晚六点进行。由主办单位的负责人、参加单位的领队或教练员参加。

2. 速度滑冰全能比赛第 1 次抽签

男子 500 米和 5000 米（女子 500 米和 3000 米）的抽签，以 10 人为一段，分成若干段。即上届同类比赛中前三项积分列为前 10 名的运动员为第 1 段，第 11～20 名的为第 2 段，余者类推。没参加上届同类比赛的运动员，则为最后一段。若某一段出现了奇数，则最后抽签的运动员将串至下一段，并成为下一段第 1 组的内道。裁判长在抽签前分给每一个运动员一个号码，供抽签编组时使用。首先进行第 1 段的运动员抽签，先抽得两个号码的运动员编在一起并确定为第 1 组，例如 1、2、3、4、5、6、7、8、9、10 号运动员是第 1 段，若首先抽出来的号码为 7 号和 9 号，则该两名运动员编在一起为第 1 组，余者类推。应尽可能不把来自同一单位的运动员编在 1 组。第 1 段排完后进行第 2 段，依次进行。

3. 速度滑冰全能比赛第 2 次抽签

男子获 5000 米前 16 名的运动员将优先滑跑。

1500 米，若两项（500 米、5000 米）积分为 1～8 名的运动员，5000 米未进入前 16 名，则他（他们）顶替 5000 米第 16～8 名运动员而优先滑跑 1500 米。编组依据 500 米名次进行，即优对优、次优对次优……出发顺序由抽签决定。如果有两名或多名运动员获同一名次，则前几项积分较好的运动员与该项成绩较好的运动员编在一组。500 米比赛犯规的运动员排在抽签的最后一段，出发顺序仍由抽签决定。每组比赛顺序由抽签决定。

4. 速度滑冰全能比赛第 3 次抽签

获 5000 米前 16 名的运动员有资格参加 10000 米比赛，若前三项积分为前 8 名的运动员 5000 米未进入前 16 名，则他（他们）可顶替 5000 米获 16～9 名的运动员而滑跑 10000 米。若获 500 米、1500 米两项第一名的运动员，而三项积分未进入前 8 名，则顶替三项积分为第 8 名的运动员而滑跑 10000 米。获 5000 米前 8 名的运动员将优先滑跑 10000 米，若三项积分进入前四名的运动员，而 5000 米未进入前八名，则他（他们）顶替 5000 米第 8 名、第 7 名、第 6 名……的运动员而优先滑跑 10000 米。如果有两名或两名以上的运动员获该项同一名次，则前几项积分较好的运动员与该项名次较好的运动员编在一组。每组比赛顺序由抽签决定。只有按规定滑完前三项的运动员才进入前 16 名的资格。如果在 5000 米前 16 名运动员中，有某运动员因某项犯规被取消资格或因其他原因不能参加滑跑 10000 米时，则将由 5000 米第 17、18、19 等名次运动员顶替他们而滑跑 10000 米。若参加 10000 米比赛的运动员抽签后又退出比赛，将不再允许其他运动员替补。编组按 5000 米名次进行，即优对优，次优对次优……

5. 速度滑冰短距离全能比赛的抽签

第 1 天比赛项目的分段编组将照"全能比赛第一次抽签"的规定进行，但分段要依据上届同类比赛的四项积分为基准。

第 2 天的两项分段编组将根据第 1 天比赛的名次结合道次进行，即第 1 天滑内道者，第 2 天该项要滑外道；第 1 天滑外道者，第 2 天比赛该项要滑内道。

分段按下列方法：第 1 段由 8 组（16 人）组成，即根据第 1 天相应项目，内道出发的前 8 名与外道出发的前 8 名。若有两名或两名以上运动员获同一名次，则前几项积分较好的运动员与另一跑道该项名次较好的运动员编在一组。剩余运动员为第 2 段。各组的出发顺序将由各段内抽签决定。以上规定除第 1 天的比赛项目分段条件外，均适合于全国冠军赛以外的两次 500 米和两次 1000 米的各级别的短距离全能比赛。

6. 速度滑冰单项比赛的抽签

每个单项的出发顺序由抽签决定（参照"抽签会议"、"全能比赛第一次抽签"规定进行）。每次抽签根据下列成绩将运动员每 10 人分为一段。500 米和 1000 米按上届全国短距离冠军赛（男子、女子）四个项目的积分；1500 米按上届全能冠军（男、女）1500 米的成绩；3000 米按上届全国冠军赛（女子）3000 米的成绩；5000 米和 10000 米按照上届全国冠军赛（男子 5000 米）的成绩。如果有两名或两名以上运动员在上述项目中成绩相同，则前几项积分较好的运动员与该项名次较好的运动员编在一起。

7. 速度滑冰两项和两项以上比赛的抽签

裁判长在抽签前发给每一个运动员一个号码，以便抽签编组时使用。裁判长有权将参加比赛的运动员在第一次抽签前分成二段或三段。若运动员出现奇数，剩下的一名运动员将最后滑跑。如果比赛两项合并，仅授一奖，则只能由抽签决定两项的编组。如果比赛三项合并，仅授一奖，则只能是第 1 个项目的编组由抽签决定。第 2 项的编组依据第 1 项的名次确定。前两项积分为前 16 名的运动员将优先滑跑，第 3 项的编组由前两项积分的名次确定。每组的比赛顺序由抽签决定。如果四项（不包括全能比赛第 2 次抽签中规定的全能项目）比赛合并，仅授一奖时，第 1 个短距离项目和第 1 个长距离项目的编组将分别通过抽签决定。第 1 个长距离项目比赛获前 16 名的运动员将优先滑跑第 2 个短距离项目，若前两项积分为 1~8 名而未进入前 16 名当中，则他（他们）应顶替第 16~9 名的相等人数。编组依据第 1 个短距离比赛的名次进行。如果有两名或两名以上运动员获同一名次，则前两项积分较好的运动员与该项名次较好的运动员编为一组。每组比赛顺序由抽签决定。第 2 个长距离项目，将运动员分为三段，第 1 个长距离项目的前 16 名运动员分为第 1、第 2 两段。如果前三项积分 1~8 名未进入上述前 16 名，则顶替第 16~9 名，编组将依据第一个长距离项目的名次确定，如果某运动员在两个短距离项目中获第一名，而积分又不在上述 1~8 名之中，他将顶替积分第 8 名者。第一个长距离项目的前 8 名，应在第二个长距离项目中优先滑跑。如果根据前三项积分 1~4 名的运动员不在上述前 8 名之中，则顶替第 8~5 名运动员而取得优先滑跑资格。剩余的运动员为第 3 段，分组依据第一个长距离项目比赛的名次。如果两名或两名以上运动员获同一名次，前三项比赛积分较好的运动员将同名次较好的运动员编为一组。以下分段办法照此进行。比赛顺序由抽签决定。

8. 速度滑冰抽签后退赛的规定

抽签后弃权的运动员，不允许再参加比赛。抽签后因伤病（须由大会指定的医生确定）不能参加比赛，则同组的另一名运动员仍按原组次、道次滑跑。若分别有两组的各一名运动员在抽签后退出比赛，则可将该两名运动员按两组顺序较后一组编在一起，并保证他们在滑跑前15分钟得到通知。

9. 速度滑冰比赛道次的确定

以下列方式决定同组两名运动员的道次：若以抽签方式编组，则第一个抽得组次的运动员滑内道；若是由已进行过的项目的名次进行编组，则同组内名次在前的运动员滑内道；若是同组内的一名运动员在抽签后退出比赛，则剩下的运动员按原道次滑跑。根据"全能比赛第一次抽签"的有关规定，若出现同单位运动员相遇，应将外道运动员串至下组外道。在本段内最后一组出现同单位运动员相遇时，将不予考虑。男子、女子全能第2天比赛项目和短距离全能比赛项目，将不按"全能比赛第一次抽签"规定进行。若某运动员需重新滑跑编在一组时，应按本条款有关规定进行。如果出现原道次相同时，应保持原道次而各自单独滑跑。内外道运动员分别佩戴白色、红色标志。

比赛

1. 参赛规定

参加比赛的运动员必须佩戴大会发给的号码和标志，穿着适合速滑运动特点的运动服装，并须清洁、整齐、大方，否则不准参加比赛。在全能比赛中，不允许只报名参加一项或一部分项目的比赛。

2. 逆时针滑跑与交换跑道

速滑比赛是按逆时针方向滑跑，也就是运动员的左侧总是朝着运动场的里圈。所有比赛均应在两条密封的跑道上计时滑跑。内道起跑的运动员在滑到换道区的直道时，要转入外道滑跑，同样，外道起跑的运动员要转入内道滑跑，违者将被取消该项比赛成绩。只有在 400 米标准跑道上比赛，1000 米或 1500 米在换道区起跑时不换道，在其他规格跑道举行的比赛项目按上述相应规定的处理。

3. 起点召集

每组运动员出发前 3～5 分钟，在起点进行两次点名。未按规则要求到起点的运动员，将被认为是弃权。

4. 起跑

在"各就位"口令发出后，运动员应到起跑线与预备线之间直立静止站好。

在听到"预备"口令后，应立即做好起跑姿势并保持这种姿势至鸣枪。运动员从完成起跑姿势到鸣枪之间必须有明显的间隔，间隔时间约为 1～1.5 秒。如果运动员在"预备"口令下达前就做好起跑姿势或在鸣枪前改变起跑姿势，均被判为起跑犯规，将被叫起并给予警告。起跑前，刀尖不许越过起跑线（刀尖可触及起跑线）。若同组的一名或两名运动员有意拖延做起跑姿势，则该运动员或该两名运动员将被判为起跑犯规，并给予警告。用第 2 次鸣枪或吹哨召回起跑犯规的运动员，起跑一次犯规的运动员在受到发令员一次警告后，如再犯规，将被取消该项比赛资格。同组的两运动员同时犯规，将同时给予警告，若其中一运动员抢跑引起另一运动员跟跑，则只警告首先抢跑的运动员。

5. 切断雪线的规定

进出弯道线中禁止为了缩短滑跑距离而越过内侧雪线或雪线代替物下面的色线和代替物之间的跑道基本线。违者取消比赛资格。

6. 妨碍和碰撞的规定

运动员出弯道进入换道区时（弯道雪线或其代替物结束并接入无雪线的换道区直道），出内弯道换外道的运动员不能妨碍其对手从外道换内道的正常滑行。如果不是对手表现有阻碍动作而发生了碰撞，由出内道换外道的运动员负责。运动员在同一跑道内前后滑跑时，后者在不妨碍前者的情况下，可以由内侧或外侧超越，如因此发生碰撞，超越者应负责。若裁判长确认运动员违反上述规则，则犯规运动员将被取消该项比赛资格。

7. 速滑运动员的间距

在双跑道比赛中，两运动员如滑入同一跑道，当后者超越前者时，被超越者只能在距超越者5米外滑跑。如运动员首先违反此规定则予以警告，若再次违反此规定，则被取消该项比赛资格，并令其退出跑道。

8. 伴跑或带跑

在各种速滑比赛进行过程中，决不允许为正在进行比赛的运动员伴跑或带跑，对于伴跑第1次予以警告，第2次予以取消比赛资格。对于被带跑的运动员一经发现即被取消该项目比赛资格，并视为舞弊行为而取消其全部比赛项目的资格。

9. 到达终点

只有运动员的冰刀触及终点线才被认为完成该项比赛。如果运动员在终点线前摔倒，只要冰刀触及终点线的前沿或前沿的垂直面或终点线的延长线时，都被认为到达终点。在使用电动计时时，若是因运动员身体其他部分而不是因冰刀到达终点线停表，则该运动员的有效成绩应是电动计时或人工计时成绩再加上0.20秒。若使用电动计时时，运动员摔倒后超出了两条跑道，则将人工计时成绩再加0.20秒为该运动员有效成绩。

10. 重新滑跑

若运动员不是由于自己的过失影响了滑跑，经裁判长允许可以重滑该项，并以两次滑跑成绩优者为准。运动员因跑道上出现障碍或其他事故而不能滑完全程，将允许其重滑。这里说的障碍不是冰刀损坏或冰场不洁原因。若运动员已经受到了跑道边的意外或偶然事件的影响，但没有直接停止，则不允许重滑。如果因其他运动员摔倒或在换道区犯规，以及滑离规定跑道等原因影响了某运动员正常滑跑，则裁判长准许被影响的运动员重滑，并应及时通知该重滑运动员。运动员经裁判长同意重滑后，应距第1次滑跑有30分钟休息时间。

11. 教练员指挥

比赛时，若须指导，教练员必须在指导席（终点对面，外跑道的外侧）做临场指导，指导后应立即退出指导席。

短道速滑竞赛规则

比赛项目

短道速滑的个人比赛包括 400 米、500 米、800 米、1000 米等短距比赛和 1500 米、3000 米的中长距离比赛。

接力比赛包括男子 3000 米、5000 米比赛和女子 2000 米、3000 米比赛。

全国锦标赛、冠军赛、个人项目比赛包括 500 米、1000 米、1500 米和 3000 米比赛。

接力赛包括男子 3000 米、5000 米和女子 3000 米比赛。

选拔赛包括四圈追逐、500 米、1000 米、1500 米、3000 米。

出发形式

在出发形式上，四圈追逐每组 2 人，分别在两侧起点同时出发。其他比赛为集体出发，在 400～1000 米的半决赛和决赛中，每组运动员最多不能多于 4 人。

比赛办法

1. 在 500 米、1000 米、1500 米和接力比赛中，根据报名人数、队数，采用淘汰制，以预赛、次赛、半决赛、决赛的方式进行。

2. 各赛次比赛中，每组前二名运动员有权参加下一赛次的比赛。不足人数从该赛次中的各组第三名内，按计时成绩选优补入。

3. 各赛次比赛和比赛程序，由裁判长视报名人数与同技术代表及编排记录长磋商后决定。

4. 在 1500 米预赛中，根据规程，各队报的运动员排列顺序，由编排记录长在正式公开抽签前，遵循有关抽签和编排程序的各项规定进行分组。各组比赛的出发顺序通过正式公开抽签决定。

5. 每轮比赛资格赛结束后，记录长根据下列规定编排下一轮次的比赛。

（1）每组比赛的运动员人数应尽可能相等。

（2）根据运动员各自的累积行进分，按递减次序排列，如果累积行进分相同，上一轮次滑行的时间将决定排列顺序。

（3）各轮次的比赛首先排列各组第一名，其后运动员的顺序按蛇形排列。

（4）根据上述第 5 款中 1、2 的规定，每组排列到有两名运动员为止。

（5）以下运动员的排列按照 1、2 的规定，依据行进分多少，依次编入累积分少的各组中去。

如有两名或多名运动员累积进行分相同，应将运动员排列到人数较少的组次中。

如有两名或多名运动员累积分相同，并且人数相等，根据上述第 1 款式中 1 规定，运动员应排列在前一组。

各组获决赛分的运动员均可按照上述第 5 款中 2 的规定参加下一轮次的比赛。

如在同一组中有同一单位的两名运动员，根据上述第 2 款，其中一名运动员应编在下一组进行比赛。

如果没有串组的可能，运动员保持在原组次中进行比赛。

（6）第 5 款中有关规定的未尽事宜，记录长可根据情况与裁判长协商后改进编排。

（7）根据前几项累积决赛分的排列，只有积分前八名和并列第八名的运动员才有资格参 3000 米比赛，3000 米比赛只进行一次决赛。

（8）若运动员在抽签后退出比赛，则不准该运动员重新参加单项比赛。若运动员在抽签后，由于伤病不能参加第一天的比赛，须有大会医生的证明，这时可由替补队员替换参加比赛。

（9）比赛安排要保证运动员在两次比赛之间至少有 20 分钟的休息时间。

（10）以上规则对抽签、编排没有说明的问题，编排记录长与裁判长磋商后可以作出决定，改进编排。

6. 接力比赛

（1）接力队由 5 名队员组成。任何一次比赛中由其中的 4 名运动员上场参赛，并只能由此 4 名运动员完成该次比赛。

（2）每次比赛中该队可由原来指定的五名运动员中的任何人员组成。

（3）4 名接力队员每人都必须参加比赛。

（4）一个队的全体队员应穿着一致。不执行本规则的队可被驱逐出比赛。

（5）接替采用接触方式。即接替队员在未被比赛队员接触前或未接触正在等待接替的比赛队员时，则该运动员不被视于处在比赛之中。

（6）除最后两圈外，比赛队员可在任何时候接替。最后两圈必须由一名运动员滑行。领先的队在最后第三圈开始时，发令员须鸣枪示告。

（7）如果运动员在最后两圈中摔倒，可以由其队员接替。

安全规则

参加短道速滑的所有运动员必须佩戴下列装备：

1. 短道速滑安全头盔应符合现行的 ASTM 标准。头盔必须有一个规则的形状，不能有突起。

2. 耐切割手套或皮革制成的连指手套，或不含羊毛的合成材料手套。

3. 防割、防扎耐用材料的护腿。

4. 符合 97.1402 号 MU 型安全比赛服。

5. 长袖长裤连身服。

6. 软垫或软垫的硬壳护膝。

7. 冰刀管必须是封闭的，刀根必须是圆弧形。最小半径为 10 毫米。刀管最少有两点固定在鞋上，没有可动的部分。

8. 所有运动员必须佩戴中国滑冰协会批准使用的护颈。

花样滑冰竞赛规则

竞赛项目

花样滑冰比赛包括单人滑、双人滑、冰上舞蹈三个项目。

竞赛分组

花样滑冰比赛根据年龄分组，年龄的计算以 7 月 1 日为标准，运动员可以越组参加比赛，但不能降组参加比赛。

1. 单人滑分组

（1）成年组：男子 18 周岁以上，女子 16 周岁以上；

（2）少年甲组：男子 18 周岁以下，女子 16 周岁以下；

（3）少年乙组：男子 15 周岁以下，女子 14 周岁以下；

（4）少年丙组：12 周岁以下。

2. 双人滑分组

（1）成年组：18 周岁以上；

（2）少年组：18 周岁以下。

3. 冰上舞蹈分组

（1）成年组：18 周岁以上；

（2）少年组：18 周岁以下。

竞赛程序

1. 单人滑和冰上舞蹈。单人滑、男、女必须分别进行比赛，规定图形（规定舞）必须首先滑行。短节目（创编舞）必须在规定图形之后，自由滑行之前滑行，但不得在同一天，自由滑（自由舞）必须最后滑行。

2. 双人滑：短节目必须在自由滑行之前滑行，但不得在同一天进行。

四、比赛时间

1. 单人滑

（1）成年组：男子4分半钟，女子4分钟；

（2）少年甲组：男子4分钟，女子3分半钟；

（3）少年乙组：男子3分半钟，女子3分钟；

（4）少年丙组：男子3分钟，女子3分钟。

2. 双人滑：

（1）成年组：4分半钟；

（2）少年组：4分钟。

3. 冰上舞蹈：

（1）成年组：4分钟；

（2）少年组：3分半钟。

比赛

1. 规定图形和准备活动

在比赛之前，抽签决定规定图形的比赛组别及第1个图形的起滑脚。抽签结果由裁判长宣布。所有的图形必须以右脚（甲）或左脚（乙）滑行，当第1个图形滑行结束，其后图形滑行脚应交替进行。选定的规定图形必须按图号的顺序进行，结环形除外，它必须最后一个滑。准备活动应在比赛前15分钟开始，规定图形的准备活动期间，在冰面上的练习人数不得超过5人，结环形则可允许8人。在准备活动期间，不得将标记或划圆器放在冰面上。在比赛期间，最多可允许 7 名运动员（结环形 12 名）在 1/3 的冰面上练习，在前一个图形评分期间，运动员可选择地点准备滑下一个图形，但必须在界墙旁等待。

2. 规定图形中的比赛顺序

第 1 号起滑的运动员首先滑第一个图形，然后其他运动员按其出场顺序滑行。规定图形比赛时，可按运动员人数分为几个组进行，第 1 个图形按其抽签顺序由第 1 组首先滑行，其次第 2 组。第 2 个图形由第 2 组首先滑行，随后第 3 组，依此类推。若运动员的数目最后不能使各组人数平均时，最后的组可多一名。

PART 6 技术战术

速度滑冰技术

速度滑冰的技术训练目的是帮助运动员在规定的距离内，用最省力的方法，最合理的动作取得最好的成绩。包括基本姿势、滑跑技术、蹬冰技术、平衡技术、摆臂技术、起跑技术、冲刺技术等多项学习与训练内容。充分掌握这些技术，是取得优异成绩的基础。

基本姿势

速度滑冰在滑跑时，头部自然抬起，上身前倾，接近水平，腿部弯曲，呈半蹲姿势，两臂有时背在身后。为使上身接近水平状态，髋部要弯曲，但肩部的高度不能低于臀部，背部肌肉自然放松，并稍微成圆形背或有些驼背。

上体前倾，既可以减小前进中的空气阻力，也有助于提高速度和保存体力；同时由于降低了运动员的身体重心，可以使滑行更加平稳，有助于控制身体平衡。

从生理特点来看，肩稍高于臀部的姿势可以使背部肌肉处于放松状态，由于速滑运动是胸腹式呼吸，所以采用这种姿势便于呼吸，减少肝脏受到的压迫。

基本滑行姿势上体前倾时大约与水平面成 5 至 20 度角左右，但这一标准不是绝对的，可视自己的具体情况微调。根据上体前倾和下肢蹬屈度的大小，滑行姿势可分为高低两种。在长距离滑行时一般采用高姿势；在短距离滑行时采用低姿势。

以较高的滑行姿势滑行时，容易做移动重心的动作，有助于提高滑行频率，内脏器官所受的压力小，体力消耗较小。但其缺点是空气阻

速滑基本姿势

力较大，蹬冰距离短，力量小，身体重心高，滑行不平稳。

较低的滑行姿势优点是身体重心低，滑行时容易维持平衡，姿势低，蹬冰角度小，幅度大，蹬冰力量强，产生的推力也大。其缺点是体力消耗较大。

在速度滑冰滑跑的基本姿势中，最为重要的是髋关节、膝关节和踝关节处的弯曲程度，即身体下半部分半蹲姿势的正确性，它们是直接影响速滑技术的发挥与比赛的成绩。通常，一个熟练掌握基本技术的速滑运动员在滑跑时，上体前倾与大腿间夹角为 45～80 度之间。双腿并拢弯曲，膝关节夹角为 90～110 度之间，小腿与冰面的夹角为 50～70 度，目视前方 10～20 米处，身体重心落于两脚之间。

初学者往往在做上体前倾时，容易挺胸而成直背或者是凹背。这样做的后果是背部肌肉十分紧张、僵化，滑跑动作变得异常拘谨，体力消耗大、易于疲劳，还有一些人在滑跑时容易犯上体前倾过度的错误，把头扎下去猛跑，致使肩部低于臀部，身体重心移到了刀尖上，这会直接妨碍正确蹬冰动作，影响比赛成绩。

基本姿势是其他技术的基础，需要反复练习，完全掌握。

直道技术

初学滑冰的人，要先从学习直道滑跑技术开始，只有掌握了直道滑跑技术，才可以进一步去学习弯道、起跑等复杂技术。如果没有掌握好

直道技术而去学习其他技术动作，容易养成日后难以改正的错误动作，严重影响到比赛的成绩与发挥。

1. 蹬冰

蹬冰是推动速滑运动员向前滑行的动力，是速滑技术的关键，蹬冰动作完成得好坏直接影响滑行速度。

直道蹬冰

一个完整的蹬冰动作是由三个阶段构成的，即开始蹬冰阶段，蹬冰最大用力阶段，结束蹬冰阶段。这一动作也可以理解为展髋、伸膝、伸踝的过程。

以一侧动作为例，开始蹬冰动作时，身体向左倾倒，同时右脚冰刀由平刃转为内刃。随着左腿继续收拢，左膝已靠近右膝，左脚冰刀紧挨右脚旁着冰。冰刀尖先着冰，并用外刃着冰滑行，左右两脚间的角度要小。与此同时，肩部、臀部同时向左倾倒，保持好上体的平稳，不要使右肩比左肩部位高，也不要向左摆动肩部。同时将注意力放在向左倾倒臀部上，配合倾倒动作，已由平刃换成内刃的右脚冰刀，利用体重移动和右脚牢靠的支撑点，做强有力的蹬冰动作。

蹬冰时要注意蹬冰方向，蹬冰角，蹬冰的用力方法和蹬冰幅度等几个细节。

蹬冰的方向只有在身体的侧方才能找到有力的支点，因为速滑的蹬冰是在滑行中完成动作，因此就形成了边滑进、边蹬冰的蹬冰技术。起跑的前几步，蹬冰的支点位于总重心的后侧方，其他的滑行都是在身体的侧方蹬冰。蹬冰角是关系到蹬冰动作能否取得实效的重要因素。从长距离滑行技术来分析，适宜的开始蹬冰角是在 70~75 度左右。蹬冰时应逐渐加大用力。在保证蹬冰力的情况下，蹬冰的时间不变，而蹬冰的距离加长，其速度就快。

2. 收腿

收腿动作由两个阶段构成，即开始收腿阶段和结束收腿阶段。从收腿经过的路线和脚移动轨迹的位置点来分析，又可把收腿动作看成为从蹬冰结束后的侧位到后位，由后位到冰刀着冰时的前位的完整连贯动作。

3. 下刀

下刀动作的技术要求是要找好着冰点，保持合理的滑行方向。浮腿在下刀时，要靠近支撑腿，先以冰刀前部外刃触冰，再自然过渡到全外刃着冰。此时重心仍保持在蹬冰腿上，着冰腿悬于冰面，蹬冰动作全部结束时，迅速把身体重心过渡到着冰腿上，此时，着冰腿的冰刀是从外刃过渡到正刃。

下刀时，要注意时间的适宜，过早或过晚都会影响动作的协调关系，打乱动作的节奏。

4. 单腿滑行

是在另一条腿蹬冰结束之后，到这条腿蹬冰开始之前，用单腿支撑身体，保持平衡，借助惯性速度向前滑进的动作。

在滑行长距离时，惯性滑进动作持续时间比短距离长，一般约占一个单步幅长的一半。其刀刃的变化，是从下刀动作的外刃变到正刃支撑，再变到内刃开始下一次的蹬冰前止。在滑行短距离时，惯性动作持续的时间比长距离短得多，一般约占一个单步幅长的1/3。由于短距离滑行的频率高，所以是从较短的正刃支撑，迅速变到较长时间的内刃支撑和蹬冰。

单腿滑行

在单腿依靠惯性向前滑进的动作中，要不断调整身体姿势的高低和重心的位置。当一个蹬冰动作结束、单腿平衡滑行开始时，身体姿势最低，身体重心落在冰刀的后部；平衡滑行开始以后，由于加速摆动收腿和冰刀的摩擦力，身体的惯性移动速度大于支撑腿冰刀的移动速度，身体重心自然从刀跟移向了冰刀的部中，身体姿势略有升高。

如前文所述，直道滑跑就是用一只脚蹬冰、另一只脚着冰刀向前滑行的反复循环动作。为了保持已经取得的滑行速度，就要尽力维持好身体的平衡，为此必须把身体重量放在滑行脚上，同时必须用力蹬冰。因此，直道滑跑技术重点在蹬冰和平衡滑行。二者相比较，平衡滑行显得更为重要，也更难掌握，所以在练习直道滑跑技术的同时，要经常做一些补充练习，如保持长时间的单腿支撑平衡滑行练习，通过练习，达到能按要求滑行百米以上时为好。

练习直道滑跑技术时，要从长时间慢滑开始，动作要努力做得准确、自然、协调。蹬冰脚一经离开冰面，腿部肌肉就要全放松，只要能保持动作合理、准确、流畅，速度必然可以逐步的提高。

弯道技术

比起直道滑跑技术来，弯道滑跑技术动作略为复杂，也较难掌握，但是二者的技术原理基本相通。最大的区别是，直道滑跑时，左右两脚要向左右两个方向蹬冰，身体重心要向两个方向移动。弯道滑跑时，左右两脚都要向右侧蹬冰，身体只朝左侧倾倒，此外，弯道滑跑时，没有单脚平衡滑行，身体的重心不会落在滑行脚的冰刀上，速度滑冰的弯道滑跑，是沿半圆弯道弧线作逆时针方向滑跑。为克服圆周运动时的离心力，滑跑者的身体必须随速度的增长而尽力向左方倾斜，左右两脚冰刀轮流向圆周右外侧蹬冰，以便提供一个向心力来保证身体能沿弯道弧线滑行。弯道弧度越小，身体倾斜程度越大，蹬冰力量也要求更强些。

弯道滑行的姿势与直道滑行姿势要求相同，其不同点就是在弯道滑行中采用身体向左倾斜的姿势。这是由圆周运动的特点所决定的。

1. 蹬冰

在弯道滑行中，身体只向左倾，连续不断地向左移动重心，为蹬冰动作创造了条件。蹬冰时右腿和直道蹬冰动作相似，是以内刃向右侧蹬冰。左腿的蹬冰动作却与直道完全相反，它采用外刃并向右侧蹬冰。可以说弯道技术的关键在左腿的技术。所以在学习弯道的技术中，要有意识地加强左腿的基本功训练。

在弯道上一个滑步的总长度比直道短，一般直道上一个单步的总长度达7米多，弯道则只有5米多。弯道的蹬冰动作在一个单步幅中占有的比例比直道要大。

弯道蹬冰动作的构成也同直道一样，是由开始

弯道蹬冰

蹬冰阶段、蹬冰最大用力阶段和结束蹬冰三个阶段构成的。

当左腿刀尖拉收到右支撑腿的刀跟时，右腿就进入到开始蹬冰阶段。而当右腿的冰刀"压收"到要越过左腿的冰刀时，左腿进入开始蹬冰阶段。随着蹬冰腿继续伸展，蹬冰动作进入到最大用力蹬冰阶段。此时浮腿悬在新的切线上，整个体重牢牢地压在蹬冰腿上，蹬冰方向要与蹬冰腿滑进的切线相垂直。

2. 收腿

蹬冰一结束，即进入收腿阶段，收腿的动作中可以充分放松浮腿，利用摆动收腿的方法，加速移动重心，增加蹬冰力量，创造更大的滑行速度。

完成蹬冰动作之后，浮腿借助屈肌的收缩和冰面对蹬冰腿的反弹作用，使冰刀抬离冰面，直到浮腿着冰为止。右腿结束蹬冰之后，右浮腿位于身体重心的右侧位点，利用蹬冰腿屈肌的收缩，使右腿抬离冰面，浮腿仍旧保持在蹬冰方向线上。接着右腿以大腿带动小腿，膝关节领先，与左支撑腿靠近。在浮腿冰刀准备着冰时，要使冰刀尖向右偏离雪线，即是圆弧的切线上。整个右腿的收腿动作，要以"压收"的方法来完成。所谓"压收"就是采用积极、有力的摆收右腿，并与左腿形

弯道收腿

成剪切内压的动作。

左腿蹬冰结束之后，左浮腿处于右腿的后侧方，即左腿的右后侧位点。浮腿保持在蹬冰方向线上，然后以大腿带动小腿，膝关节领先，向支撑腿靠近，左腿刀尖收到右腿刀跟处时，收到右支撑腿里侧的稍前方，完成左腿收腿动作。

3. 下刀

弯道的下刀动作很重要，下刀动作的好坏决定了出刀角的大小和惯性滑进动作的好坏。

正确的下刀动作要领是：右刀收回时，刀跟做左内压动作，刀尖偏离雪线，以刀尖内刃开始着冰，而后滚动到全内刃着冰。右腿着冰时，右小腿不要向前摆跨，保持右刀跟和左刀尖的最近距离，并要注意膝关节前弓，使下刀的右腿与身体成一个倾斜面，不能出现右小腿垂直于冰面的动作，两刀的左右距离要尽量缩小。

4. 单腿滑行

由于弯道滑行是在圆弧的切线上运动，弯道惯性滑进动作的时间比直道单腿滑行要短，这就要求一个滑步既不能太长，又要有较充分的时间去蹬冰，因此一个滑步中，单腿滑行动作占有的比例就小得多，一般说来，占一个单步总长的1/3左右。

在弯道滑行中，左腿支撑滑行动作是从右腿结束蹬冰起，到右腿收到与左腿靠近时为止。右腿开始收腿时，左腿是惯性滑进动作的开始，这时身体重心偏左刀的后部，当右腿收到与左腿靠近时，身体重心则由左刀的后部移至中部，当右腿要越过左腿做内压动作时，身体开始向左倾斜。到此结束左腿惯性滑进动作。

右腿的单腿滑行动作是从左腿开始收腿起，到左腿冰刀收到右腿的冰刀后方为止。当开始收左腿时，身体重心位于右刀的后部，左腿以后交叉的形式收到右腿后方时，身体重心从后部移向冰刀的中部，身体向左倾斜，进入了利用体重的蹬冰阶段，这时身体重心从冰刀中部随着蹬冰动作移向了冰刀的前部。

在单腿滑行的动作中，要在保证平衡的过程中，使身体重心先从冰刀后部到冰刀的中部，当进入到下一次蹬冰阶段时，重心从冰刀中部移至前部。

5. 摆臂

摆臂是弯道滑行的关键技术之一，有许多的作用，第一是可以快速移动重心和帮助维持动力平衡；第二是增加蹬冰力量；第三是使上下肢协调，提高滑行频率。由于弯道滑行是做弧线运动，所以两臂的摆动不一样，其作用也不相同。右臂主要与腿部协调配合，这

弯道摆臂

点与直道摆臂作用一样，其不同点是当臂摆到后高点时，在方向上与直道相比，更位于体侧。摆向前高点时，臂可以超过身体的中线。左臂的摆法是上臂贴着上体，只前后摆动前臂，主要起协调作用。

起跑技术

速滑起跑与田径中赛跑的起跑作用一样，都是为了尽快从静止进入快跑。按照不同距离项目要求，速滑的起跑有多种方式，短距离项目起跑要用非常迅速的疾跑；长距离项目起跑可以在动作节奏上慢一些或是步伐上少一些，或者干脆采用比较平和的急滑步。对短距离项目来说，起跑显得尤为重要，它直接关系到比赛成绩。

起跑技术的关键是起跑姿势和起跑后的疾跑两大部分。

1. 起跑姿势

最为普遍采用的起跑姿势是侧身预备姿势，发令员鸣笛后，运动员

起跑姿势

就各自滑到自己的跑道上，在预备线后站好。当听到发令员喊"各就位"时，运动员就滑过预备线，以直立姿势在起跑线后站好。运动员侧面站立的起跑姿势是：运动员身体侧向起跑方向，使两刃平行，与肩同宽，用内刃压冰，将有力脚放在后面，无力脚放在前面，两刃与起跑线成 20～30 度角，将身体重最均匀地放在两冰刀上，两腿微屈，膝关节内压，上体前倾，前臂自然下垂，后臂侧后平举，高度不过肩，目视起跑前方 8～10 米远，听到发令枪声立即跑出去。

2. 疾跑

运动员听到起跑令后，右脚立即用力蹬冰，左脚先迈出第一步，但步子要小，尽量把左脚冰刀向外偏转到几乎是与起跑线成平行的程度，着冰时是用内刃。迈出左脚第一步的同时，迅速伸直身体并转向滑跑方向。为此，右臂向下再向

起跑开始

前用力摆动，左臀则向身体侧后方向摆动，身体重心随右脚蹬冰而移到左脚上来，接着左脚用力蹬冰，右脚抬起向前迈出，右脚冰刀也是刀尖尽量朝向外转。大约疾跑六七步，取得一定的速度后，就要降低身体重心，上体前倾，进行向侧方蹬冰，开始正常滑行。

冲刺技术

冲刺是滑跑全程的一个组成部分，是在全程最后阶段上采用的保持速度的合理技术。冲刺技术利用得好坏，也是影响成绩高低的重要原因，所以冲刺技术很重要。

运动员到达终点时已处于比较疲劳的状态，根据个人体力情况，适当改变滑跑姿势的高低，并以顽强的意志去发挥技术和机能水平，冲刺时，为了提高速度可采用双摆臂来提高滑跑频率，收摆的浮腿注意保持同支撑腿靠近，同时，支撑腿尽量保持蹬冰力量和蹬冰方向。在临近终点线时，摆动腿以大腿带动小腿，膝关节前弓加速摆动小腿，冰刀迅速超越身体，刀尖积极触近终点线，完成滑跑全程。冲刺的距离可以根据比赛距离和训练水平来确定，项目距离越长、训练水平越高，则冲刺阶段就越长，反之则越短。

短道速滑技术

直道技术

1. 基本姿势

短道速度滑冰运动采用流线型的蹲屈姿势，上体前倾，髋、膝、踝三关节弯屈，躯干纵轴线与支撑大腿纵轴线之间的夹角（髋角）为45～75度角；支撑大腿的纵轴线与支撑小腿纵轴线之间的夹角（膝角）为90～110度角；支撑小腿纵轴线与水平线之间的夹角（踝角）为50～90度角。滑跑时头部稍稍抬起，保持便于观察和扩大视野范围的放松状态。肩背稍高于臀部，两肩平行，躯干自然放松，弓背，躯干纵轴线要与滑行方向保持一致。两臂放松，靠在躯干两侧，两手置于腰后互握或两臂贴近躯干前后交叉摆动。

支撑滑行开始时，身体重心投影点的位置应落在支撑冰刀上方中心的偏后的部位。支撑滑行阶段，利用冰刀中后部支撑滑行以利于减小阻力，掌握平衡，增加滑行的直线性和蹬冰效果。在滑行过程中身体重心位置是不断地由后向前、由外向内变化。

短道速滑比赛战术：短道速滑运动员的滑行身体姿势一般要根据滑

行的项目（距离、战术需要和运动员的机能水平等）来决定。一般情况下，滑行距离较长、运动员机能水平较差及战术需要时，一般在比赛的前半程可以采用适当较高的姿势滑行，在滑行距离较短、运动员机能水平较强时可以采用较低的滑行姿势。以提高滑速为目的的滑行时，必须适当降低和保持较低的流线型滑行姿势。

2. 蹬冰技术

在滑行中，身体重心在支点内侧时支撑腿完成伸展动作，称为"蹬冰"。蹬冰全过程应是从重心离开垂直面，形成蹬冰角以建立支点开始，至蹬冰腿冰刀抬离冰面为止。其基本动作是以展髋、伸髋、伸膝为主，利用支撑腿冰刀的内刃中部"咬住"冰面，向侧蹬冰。蹬冰包括三个动作阶段，即：开始蹬冰阶段，最大用力蹬冰阶段和结束蹬冰阶段。

蹬冰技术是短道速滑运动员在滑行过程中最重要的技术环节，它是惟一的动力来源，是获得速度的关键所在。蹬冰技术环节包括蹬冰方向、蹬冰方式、蹬冰角、体重蹬冰、蹬冰速度、力量幅度和蹬冰时机等技术细节。

蹬冰滑行时，蹬冰的方向就要由后逐渐转向侧方，当达到一定的滑行速度时，蹬冰的方向要向侧方，这时蹬冰方向应与蹬冰脚冰刀和滑行方向线相垂直。

由于短道速度滑冰运动的蹬冰动作具有快速用力的形式和逐渐加速度的特点，蹬冰开始阶段的速度不能快。在蹬冰的最大用力阶段，需要加速用力蹬冰。在蹬冰结束阶段，蹬伸的速度最快。

蹬冰时下肢各关节伸展的顺序是先伸展髋关节，然后迅速伸膝、伸踝。快速有利的结束蹬冰动作还有助于做好收腿动作。

3. 收腿技术

收腿动作是从蹬冰动作结束后起，将腿收至接近支撑腿后位的某一点为止，称收腿动作阶段。收腿的动作在滑行过程中起到放松肌肉、调节身体平衡及协调配合蹬冰腿的蹬冰等作用。

作收腿的动作时，运动员借助蹬冰结束的反弹力和自然回摆的惯性，以髋关节为轴，以膝关节领先，向支撑腿方向做自然回摆动作，直至支撑腿后位。此刻大腿基本与冰面垂直，小腿与冰面平行，冰刀与冰面垂直。

作收腿运动时，首先要迅速，只有运动迅速，才更有利于尽快建立起新的平衡，缩短周期动作时间，协调配合及促进蹬冰腿的积极蹬冰。

收腿要到位。若收腿动作没有完成便开始下刀，则容易造成跑冰现象。后引腿动作幅度不能过大，如果幅度过大，则易造成浮腿肌肉过分紧张和犯规行为。收腿动作不可过高。若过高往往会造成重心偏前，而导致后蹬冰和伤害事故等犯规行为等。

运动员做收腿动作时，其幅度的大小可以根据滑行的距离、速度等因素决定，一般情况下，滑行距离短或速度快时，要求动作幅度稍小些；滑行的距离长，速度相对慢时，则要求动作幅度可适当地加大。

4. 下刀技术

下刀是指从收腿动作结束起，到浮腿的冰刀触及冰面为止的动作过程。下刀包括向前摆腿动作和冰刀着冰动作两个动作阶段。下刀动作在滑行过程中起到确定滑行方向，调节蹬冰时机，协调配合蹬冰动作，建立和保持平衡等作用。

下刀时，浮腿在支撑腿后位，以屈髋动作为主，大腿带动小腿，加速向前摆动，当大腿摆至胸下时，踝关节背屈，利用浮脚冰刀后半部的外刃，在靠近蹬冰脚冰刀的前内侧着冰，并保持两刀之间较小的开角。

在向前摆腿时，要保持上体的平稳，控制抬头、抬上体或重心起伏的动作。前摆腿动作过程要有加速感，同时要与收腿和冰刀着冰动作连贯，衔接自然，动作放松，不停顿和等待。

5. 单腿自由滑行技术

自由滑行是指蹬冰结束后，新支撑腿支撑滑行到再次蹬冰为止的滑行过程，运动员此时要充分发挥向前冲滑的惯性，维持平衡，为再次蹬冰作好充分的准备。

单腿支撑自由滑行始于蹬冰腿蹬冰结束、冰刀抬离冰面后，新支撑腿承担全部体重，支撑冰刀随身体重心移动，由外刃过渡到平刃，此刻处在相对稳定的平衡时期，在收腿和摆臂动作协调配合下，身体重心向内移动，建立蹬冰角，此时支撑冰刀由平刃支撑转为内刃支撑滑行，准备再次蹬冰。

在单腿支撑自由滑行过程中，身体重量在冰刀纵轴上的位置变化是由开始支撑时的中后部向前滚动，到内刃支撑时转移到冰刀的中部。除借助收腿和摆臂的动作配合外，重要的是支撑腿积极内压和臀部向同侧方移动动作。

6. 直道摆臂技术

摆臂是配合蹬冰获得速度的重要因素。运动员通过摆臂来调节身体平衡、加强蹬冰，保持整个身体的协调运动。

直道摆臂

在直道滑行过程中，短距离项目采用双摆臂，长距离项目采用单摆臂的较多，单摆臂通常摆动右臂，有时在长距离滑行的过程也采用双摆臂。短道速度滑冰的摆臂动作幅度相对较小，摆动时，两臂以肩关节为轴，辅以屈伸肘关节的动作完成前后自然摆动动作。手可以半握拳或保持微屈状态，前摆到颌下，后摆至与躯干平行。

摆臂动作要与蹬冰动作协调配合。在开始蹬冰阶段，臂的动作靠自然下落完成，并稍加控制摆动的速度，在蹬冰最大用力和结束蹬冰阶段，采用加速摆动，有利于提高蹬冰的效果。

7. 配合技术

直道滑行的配合技术在滑行过程中起着动作之间相互协调、促进、带动和节能的重要作用，同时配合技术好坏极大的影响着战术意图的完成和发挥。配合动作包括上体与腿部动作的配合、臂与腿部动作的配合和两腿之间的动作配合。

在保持正确滑行姿势的基础上，两腿交替完成蹬冰、收腿、下刀支撑滑行的动作。两腿动作要连贯和流畅，特别是蹬冰与收腿、收腿与前摆腿、前摆腿与下刀等动作之间不能停顿。

两腿之间的动作配合要自然和放松，注意两腿之间的协调配合，掌握好蹬冰、收腿下刀的动作时机，克服动作紧张的现象。

在滑行过程中，上体除了要完成向前方向的纵向移动外，还要做到钟摆式的左右的横移动。开始蹬冰时，上体与臀部平行向蹬冰方向的对侧做主动的横向水平移动，直到新支撑腿着冰后重心再向反向移动，重复上述相反动作。

两臂的摆动与腿的配合要点是蹬冰腿的同侧臂向前摆动，异侧臂向后摆动，两肩前后交替摆臂配合下肢蹬冰，收腿下刀动作，构成完整的直道滑行动作。摆臂的动作节奏要与蹬冰动作保持一致，动作的规律是先慢后快。

弯道技术

弯道滑行是短道速度滑冰最重要的技术部分，在弯道上滑行时，运动员既要保持高速滑行，又要扣住半径只有 8 米的弯道。同时在弯道滑行的区段也是实施战术意图的重点区域，弯道滑行的基本技术由弯道滑行基本姿势、蹬冰、收腿、下刀、摆臂及全身动作配合等方面构成。

1. 基本姿势

弯道滑行基本姿势是上体前倾，支撑腿髋、膝、踝三关节保持弯屈的状态。在弯道滑行过程中，身体始终向圆心倾斜，并保持鼻与支撑腿的膝关节、刀尖都处在同一纵轴平面上。弯道滑行时，为保持平衡，身体倾斜的幅度非常大，蹬冰角在 30 ~ 40 度之间。右臂前后摆动，左臂自然下垂，手指触及冰面，身体重心的位置落在冰刀的中部。弯道滑行时，运动员头部抬起，并保持放松状态。

2. 蹬冰技术

在弯道滑行过程中，身体重心始终在身体的左侧，并在离心力与向心力的作用下，形成了维持身体平衡使身体重心沿弧线方向运动的规律，这样也自然形成了左脚冰刀外刃和右脚冰刀内刃交替、连续、快速向右侧蹬冰的动作技术。

在弯道滑行过程中，两腿的蹬冰动作有所不同，参与蹬冰动作作功的肌群也不同。右腿蹬冰动作是以伸髋、展髋、伸膝的动作为主，伸踝动作为辅；而左腿的蹬冰动作是以伸髋、内收髋关节、伸膝等主要动作完成。

弯道滑行中的蹬冰技术在蹬冰方式、体重蹬冰、蹬冰力量、速度等方面与直道滑行技术基本相同，其特点为：

弯道滑行中的蹬冰方向是两腿都向右侧蹬，与直道滑行两腿向两侧蹬冰有所不同。蹬冰角由于弯道半径很小，直线贯性速度快，需要利用缩小蹬冰角来增加向心力，因此弯道滑行的蹬冰角一般在 3～40 度左右。

在弯道滑行时为达到扣圈滑行的目的，除了要求运动员缩小蹬冰角，增加向心力和适度调整冰刀弧以外，同时还要加快动作频率。由于弯道滑行中没有单腿支撑自由滑行的阶段，所以蹬冰动作、频率、扣弯道滑行等技术至关重要。为了提高动作频率和蹬冰效果，要避免静力支撑和动作的停顿，保持连续的动作，即冰刀一着冰就要马上开始蹬冰。

3. 收腿技术

弯道滑行时的收腿动作是指蹬冰腿的冰刀离开冰面起，将浮腿收至支撑腿左侧的某一点的过程。这一动作在滑行过程中能起到放松肌肉、调节身体平衡及协调配合蹬冰腿的蹬冰等作用。

由于朝一侧转弯，两腿的收腿动作并不一致。右腿的收腿动作是以内收、屈髋屈膝动作为主，屈踝动作为辅。冰刀向左侧平移，跨过左脚冰刀至其左前侧适宜位置。左腿的收腿动作是以外展髋、屈髋和屈膝动作为主，以背屈踝关节为辅，使左踝保持放松状态，冰刀贴近冰面向左上方做提拉腿的动作，将左腿收至左侧适宜的位置。

在收腿动作过程中，保持浮腿与冰面之间较小的角度，一般右腿采用"下压"式收腿，左腿采用"提拉式"收腿，这样有利于保持身体平衡和稳定的身体倾斜角度。

收腿动作要与蹬冰腿的蹬冰动作协调配合，在动作速度和节奏方面协调一致，同时收腿过程中要保持身体的平衡和重心的稳定。

4. 下刀技术

弯道滑行的下刀动作是指冰刀着冰的瞬间动作。下刀技术由下刀时的方向、时机、部位和位置等组成。良好的下刀技术，能够有效的确定滑行方向，调节蹬冰时机，更好地配合蹬冰动作。

右脚下刀时，随着右腿收腿动作的结束，利用右脚踝关节的背屈动作，使冰刀内刃的后部在左脚冰刀的前内侧轻轻着冰。左脚下刀时，在左腿的收腿动作结束后，左脚踝关节背屈，使冰刀尖稍稍翘起，利用冰刀外刃的后部，在右脚冰刀的前内侧轻轻着冰。

下刀时首先要注意保持冰刀的切线方向；其次下刀时机要与蹬冰动作相互配合，浮腿冰刀着冰应在蹬冰腿蹬冰最大用力时为宜。

5. 摆臂技术

弯道滑行摆臂任务是调节身体平衡，配合与加强蹬冰，使整个身体在转弯时处在协调状态中，同时可利用摆臂以实施战术。短道速度滑冰的摆臂动作以单臂摆动动作为主。

摆臂时，右臂的摆动幅度与直道摆动基本相同。摆动的方向可稍向侧方，摆动的动作是以肘关节屈伸动作为主。左臂则微屈，自然下垂，手指接触冰面，摸冰滑动。

摆臂时，左臂摆动幅度不可过大，否则会破坏身体姿势和两腿动作节奏及滑行频率等。

起跑技术

起跑是使运动员在最短的时间内，完成从静止到移动并获得较高速度的过程。在短道速度滑冰运动中，起跑是获得滑行速度及发挥战术的重要因素，特别是在短距离和接力比赛中显得尤为重要。起跑的质量直接关系到全程滑行的速度。

起跑动作分为预备姿势、启动和疾跑三个阶段。

1. 预备姿势

点冰式起跑是短道速度滑冰起跑时常用的预备姿势，除了点冰式，还有一种侧向开立式。

运动员以点冰式起跑预备姿势起跑时，当发令员发出"各就位"口令时，运动员即滑至起跑预备线后面，按起跑位置顺序站好，两腿开立；两刀平行并与起跑预备线成45度角。

此时冰刀内刃压在冰面上；身体直立；两臂自然下垂；两刀和身体相对静止不动。

当发令员发出"预备"口令时，运动员迅速向前移动，越过起跑预备线，用前腿冰刀刀尖在起跑线后沿处点冰；后腿冰刀用内刃支撑压住冰面并保持与起跑线接近平行的角度，慢慢下蹲动作，重心移至两脚之间稍偏前的位置；靠近起跑线一侧手臂屈肘，自然下垂；另一臂肩关节外展并抬起；面朝滑行方向，等待发令员的枪声。

2. 启动

发令员鸣枪后，运动员在预备姿势的基础上重心前移。前点冰腿快速抬离冰面，展髋，外旋踝关节；后腿利用冰刀内刃向后方快速用力蹬伸；蹬冰腿的同侧手臂向前屈肘快速摆动，异侧臂快速向后摆动，完成起跑动作。

3. 疾跑

启动后即开始疾跑动作，疾跑的任务是在最短的时间内获得较高的速度，并为滑行打好基础。常见的疾跑方式有扭滑式、踏切式、滑行式和跺冰式等等，各具不同的特点，由于"踏切式"疾跑动作比较简单，易于掌握，启动速度也较快，因此为许多运动员所采用。

运动员以"踏切式"进行疾跑时距离相对较短，从启动后的前腿着冰动作起，一般跑八步左右。在疾跑过程中，两腿连续快速的蹬收配合两臂的摆动动作，向前跑动，疾跑过程中要保持两脚冰刀之间有较大的开角，以冰刀前半部先接触冰面，过渡到冰刀中部用力向后蹬冰，保持向前倾斜的身体姿势，以较高的动作频率向前跑动，完成疾跑。疾跑时，前几步间距要短，随着疾跑距离的延长和速度的提高，间距逐渐加大。蹬冰的方向由后逐渐转向侧后方或侧方。身体重心要平稳和保持直线运动，不得左右摆动。开始时姿势较高，随着接近滑行，重心逐渐降低。

接力技术

根据短道速度滑冰的竞赛规则，短道速滑的接力采用明显身体接触的方式进行，一般采用推进式方法。

接力的位置一般在出弯道后直道的前半段上，整个过程分为接力前、接力中和接力后三个动作技术阶段。

1. 接力前

被接力者要根据接力者滑行速度情况，在跑道内侧启动滑行，当滑行速度达到一定值，其位置明显处在接力者之前时，被接力者在预定接力区域前的出弯道处从第五、六或第六、七标志块之间滑入跑道，出弯道后借助向前冲滑的惯性做好接触前的蹲屈姿势，静力支撑自由滑行。接力者在接力前，除完成正常的滑行外，要时刻注视被接力者的滑行速度变化和滑行路线，以及对手的行为和场上情况。当被接力者进入跑道后，接力者对其目标做追逐滑行，在接近被接力者时，停止蹬冰动作，两脚开立同肩宽，上体抬起，两臂前伸准备接触。

2. 接力中

在接力中阶段，被接力者继续保持适度的流线形蹲屈姿势，两臂靠近躯干，屈肘，双手扶于大腿或膝处，两腿靠近，冰刀平行适度开立，重心落于冰刀的后半部，抬头目视前方，等待接力者的推动，并做好启动滑行的准备。接力者以双手掌对准并接触

速滑接力

被接力者的臀部，屈臂缓冲，至接近自己胸部时，接力者重心前移，两脚冰刀外展，用力蹬冰伸臂将接力者推出。

3. 接力后

被接力者被推动后，借助接力者推力的惯性速度，占据有利位置向

前起速滑行。接力者在完成推进动作后，浮腿着冰，重心落在冰刀中部，保持平衡向前自由滑行，经过缓冲后停止。

比赛战术

短道速滑项目是有一定对抗性的相对激烈的比赛项目，因此在掌握滑冰技术的基础之上，还要充分了解其战术特点，培养运动员敏锐的战术意识，只有这样才能在强大的竞争对手面前保持信心与实力。

1. 战术意识

短道速滑战术是以战胜对手为目标的战略行为，集中体现在比赛前和比赛中，根据竞争对手的情况，正确分配体能，采取合理的行动，充分发挥己方特长，制约对手行动，以争取战胜对手的谋略行为。技术是战术的基础，没有全面、熟练的技术，战术就如同无源之水和无本之木。战术是技术的合理组织与有效运用，也是短道速滑比赛引人入胜的看点。

作为短道速滑运动员，必须要培养自己强烈的战术意识，即有意识的根据比赛目的，在比赛中正确、合理地分配体能，选择、运用技术和战术的能力。

2. 战术运用

短道速滑项目比赛中，可将战术分为进下轮战术和夺冠战术两种类型，而在比赛中根据运动员所处的位置又可分为领先滑跑战术与跟随滑跑战术两种不同的类型。

（1）进下轮战术和夺冠军的战术

根据短道速度滑冰竞赛规程规定，一般大型正式比赛每个项目都要经过预赛、次赛、半决赛、决赛4轮的比赛，才能决出最后名次。而且在每轮次的比赛中，每组比赛只有前2名选手进入下一轮次的比赛，其余将被淘汰。所以有经验的运动员在竞争相对不很激烈的预赛、次赛中并不在意是否自己获得小组第一名，而采用进下轮战术，运用这一战术的目的是最大限度的保存自己的体能，使之在接下来更重要的比赛中能有最好的发挥。而在决赛中，包括在许多特别重大比赛的预赛中，夺冠军的战术，或者说争取好名次的战术，是要被短道速滑运动员运用于整个比赛过程中的。速度好的选手往往力求在全程的大半部分中控制速度或跟随前进，保持体力，在快要到达终点时进行有力的冲刺，以求夺得冠军或取得理想的名次。速度差而耐力好的选手则在比赛的前半程就应采取较高的平均运动速度，以求最大限度地消耗速度型对手的体力，迫使他们无力在最后的段落展示其速度好的优势，而保证自己获得尽可能好的名次。

（2）领先滑跑战术和跟随滑跑战术

领先滑跑战术是运动员为了摆脱对手、不受对手的干扰等，而采用利用领先的优势控制对手滑行速度，占据有利位置的战术行为。领先滑跑不但可使自己处于优势的位置，还可以帮助同组中的队友完成相互配合等战术。它包括领先滑行和扣圈滑行等具体战术行动。在我国短道优势项目女子500米比赛中，我国运动员利用起跑加速能力强的特点，往往采用此战术。她们通过起跑抢得领先位置，在很短的距离内即可到达较高的单圈速度，将对手甩在身后，这是我们能够在500米的比赛中取得好成绩的战术保障。

跟随滑跑战术是运动员采取尾随对手滑行的办法，以保存实力，寻找战机，战胜对手。这种战术在比赛的前半程表现为阻挡与被阻挡，后半程（特别是最后3圈）表现为超越与反超越。从第20届冬奥会上看，韩国选手常用的战术就是起跑后跟滑，到最后2~3圈对手进入疲劳期时开始发力追赶，利用技术和体能的优势进行最后的冲刺，达到超越并甩开对手的目的。纵观第20届冬奥会短道速滑比赛的过程以及韩国运动员在各个短道速滑项目上的表现，基本是运用同一种比赛战术。即起跑随后，最后2圈超越。其制胜的关键即是最后2圈的超越和冲刺上。

（3）掩护与配合战术

掩护与配合战术是利用掩护和配合手段，保护己方重点队员滑行，干扰对手正常滑行的战术行为。掩护与配合战术属于集体战术行为，需要2名以上的队员配合才能实施。这种战术有时甚至以犯规的行为达到战术的成功。此战术包括：变速滑行、抢位滑行和舍车保帅战术等。

（4）弯道超越战术

韩国在短道速滑领域深具实力，频频取得优异成绩，这离不开其实施弯道超越战术的频频奏效。在传统技术中，选手在弯道滑行的时候都是要减速的，但在第20届冬奥会比赛中，韩国队员过弯道的时候速度不仅没有减小反而增加，弯道成了超越对手的机会。弯道超越战术是依靠滑行线路和滑行技巧提高速度的，这种战术以高速冲刺，充沛的体能和全面技术作保障。韩国选手的滑行路线是充分利用场地面积把椭圆型跑道改成接近圆形滑行的，当对手们知道意图挡住外道时，利用瞬间爆发力和速度切入内道以达到超越的目的。

短道速滑曾经是中国参赛冬奥会中的优势项目，但也是一项竞争极为激烈的比赛项目，要想保持持续的竞争力，就必定要研究优势团队的特点，对传统的战术加以改进，创造出新的技术和战术，只有这样才能立于不败之地。

花样滑冰技术

花样滑冰技术包括基本技术、步法、旋转、跳跃等，花样滑冰任一动作的完成，都必须有正确的基本滑行技术来作保障。只有掌握了基本的滑冰技术，才可以更好的掌握其他技术，全面提高滑冰的技术水平。

基本技术

前滑

1. 冰上站立

冰上站立是学习滑冰的第一步，在上冰前，可先在室内做站立、移动、走动等练习。上冰后，以两脚稍分开，膝微屈，用冰刀的内、外刃同时着冰，两臂在体侧自然展开的姿势做向前走动，向左、右移动，原地下蹲等练习。

2. 前进双曲线

两脚尖稍向外分开，屈膝。以足跟部同时用内刃向外侧蹬冰，使之向前滑动，当两脚之间距离约与肩宽时，两脚尖同时内扣，膝渐直，滑至站立姿势后再继续做这一练习。

做前进双曲线动作滑行时，身体重心落在两脚的正中间，以冰刀后半部滑行。滑行时不要低头和上体过分前倾，同时两腿不要分得过大，屈伸动作要保持协调。

3. 直线前滑

做直线前滑动作时，开始前，两脚平行站立，两膝下屈，上体微前倾，两臂在体侧自然下垂，目视前方。先以左脚冰刀内刃向侧蹬冰，随着左脚的蹬冰动作，身体重心移到右脚，推动右脚前滑，膝屈，左臂在前，右臂在后，左脚在后，维持身体平衡。收回左腿，在右脚里侧着冰。再用右脚蹬冰，继续滑行。

练习这一动作技术时，要注意不要用刀齿向后蹬冰，必须用冰刀内刃蹬冰，双脚成45度角；滑腿保持适度屈膝，以调节身体的平衡；换脚时，两脚要靠近；脚趾在鞋里要伸开；同时要注意使用冰刀的后半部滑行。

后滑

1. 后滑双曲线

做后滑双曲线动作时，两脚成内八字形站立，两腿屈膝相对，身体重心在两脚中间，两脚同时用内刃向两侧前方蹬冰，推动冰刀向后滑出。随着两脚间距离增大，当滑至弧线的一半时，足跟内收，两膝逐渐伸直，继续后滑，两脚间距离逐渐缩小并靠近，再成内八字形，重复进行这一动作，即可连续向后滑行。

练习这一步骤时，要注意两脚不要平行，一定脚尖向内，脚跟向外。上体前倾不要过大，这样容易造成刀齿触冰而使滑行停止。两膝前弓，保持适度的屈伸。身体重心不要移至某一脚上，一定要保持在两脚中间。

2. 蛇形后滑

做蛇形后滑动作时，两脚平行站立，以右脚内刃向前、侧方蹬冰，左腿屈，足跟外转以外刃向左侧后方滑出，左臂在后，右臂在前，右脚冰刀蹬冰后在前随左脚平行滑行，然后，左脚冰刀由外刃变内刃，身体向右倾，以左脚内刃蹬冰，右脚外刃滑出。

练习这一动作时，要注意身体重心的移动，必须及时移到滑足上。上体须向弧线内侧倾，不可太过前倾。滑行时，用冰刀的前半部，蹬冰要用力向侧前方，不可只靠两脚扭动。

停止法

1. 刀跟停止法

在前滑过程中，滑膝屈，浮足在滑脚前面以刀跟用力压冰面，使滑行停下来。使用刀跟停止法时，要注意调节刀刃尾端要压住冰面的力度。同时上体稍前倾，不要后仰。在以刀刃尾端压冰时，脚要保持方向，不要向两边歪，否则既不容易停止，滑脚还会随着拐弯。

2. 外刃停止法

使用外刃停止法时，用左脚前滑，将右脚与左脚形成"T"字形，但不要接触冰面，使冰刀与冰面平行，体重准备过渡到右脚，然后，冰刀放在冰上，使用右外刃刮冰停止。使用外刃停止法做停止动作前，身体重量一定要过渡到停止脚上，身体不能前倾。

步法

花样滑冰的步法，主要是由各种弧线和转体组成的，包括前压步、后压步、前外曲线步、前内曲线步等。

1. 前压步

做前压步动作左前压步时，右臂在前，左臂在后，上体左转。右脚以内刃向侧蹬冰，左脚外刃向前滑出。右脚蹬冰后，收至左脚前外侧以内刃着冰，这时，左脚以外刃向侧蹬冰，蹬冰后，收至右脚内侧以外刃着冰，右脚再用内刃侧蹬冰，继续滑行。

练习前压步时，要注意不要用刀齿向后蹬冰。滑行时，左右腿的弯屈角度应保持一致，否则容易造成身体的起伏。

2. 前外曲线步

做前外曲线步时，右臂在前，左臂在后，左脚内刃蹬冰，右脚用外刃向前滑一个大曲线，膝微屈，浮足在后。当滑到曲线的一半时，浮足靠近滑脚移到前面，两臂换位，在换脚前双脚靠近，身体重心稍微向左移动，滑另一脚的曲线。

练习前外曲线步时，要注意身体始终保持向曲线内侧倾斜，不要向外侧。同时膝的屈伸要与两臂及浮足的移动保持协调一致。

3. 前内曲线步

做前内曲线步时，左臂在前，右臂在后，以左脚内刃蹬冰，右脚内刃向前滑出，浮足在后，身体稍向圆内倾。当滑至曲线的一半时，浮足靠近滑脚向前移动，两臂换位。换脚时，两脚靠近，右脚蹬冰，左脚用内刃滑出。

练习前内曲线步时，要注意上体不要太倾向圆内。要保持两肩垂直于滑线，身体直立。

4. "3"字步

做"3"字步时，以右脚为例，右臂在前，左臂在后，左脚蹬冰，右脚用外刃向前滑曲线。滑至曲线一半时，上体向右转动，右臂在后，左臂在前，浮足在后靠近滑脚，头向右转，转3时，上体向右扭转，右脚用冰刀的前半部由前外刃转为后内刃，并蹬冰，左脚以外刃向后滑出，右臂在左侧，左臂在侧后，浮足向后并伸直，滑膝屈。

练习"3"字步时，转"3"字前的准备姿势要充分做好，否则容易造成转不了体，必须肩、臂、头充分扭转后，再转"3"字。转"3"字后要迅速蹬冰，另一脚滑出，两臂也要迅速展开并防止身体继续转动。

5. 后压步

后压步在花样滑冰中起着非常重要的作用，后压步是在滑行中获得速度的最佳手段，能以较少的步数获得较高的速度。

运动员做后压步动作时，以右后压步为例，两肩向右转，胸对园心，头右转看滑行方向，左臂在前，右臂在后。先以左脚内刃蹬冰，同时上体向右倾，并以外刃着冰，向右后方滑出。然后，左脚越过右脚前，放到内侧成交叉状，这时两脚同时向后滑，再用右脚外刃向左侧蹬冰后，离开冰面成为浮足。然后，收右腿，右脚在左脚里侧着冰，左脚再蹬冰，重复上述动作。

练习后压步时，在滑行中两腿弯屈的角度应一致，否则会造成身体的起伏。上体必须转向圆心，身体向圆内倾斜。头要转向滑行的方向，两腿要有节奏的蹬冰，同时要避免用刀齿蹬冰。

跳跃

花样滑冰的跳跃动作，是指运动员通过冰刀对冰面的压力而获得的冰面对人体的反作用力，使其离开冰面而腾起，在空中转体，然后落回冰面的运动过程。它包括准备起跳、起跳、腾空转体和落冰四个阶段。起跳前，通过高速滑行以获得起跳的水平力，运动员必须通过后压步或其他步法来获得足够的水平速度。

除足够的水平力外，另一个力是垂直力，它是由浮足及两臂的上摆，膝和踝的伸直蹬冰获得的。它们的合力，将身体推向上前方。为获得最好的起跳效果，运动员需要准确的起跳时间与两臂、浮足及头部动作的协调一致，快速而一致的完成浮足及两臂的上摆和滑脚的蹬冰及向上起跳是重要的一环。

运动员起跳后，在空中，身体的纵轴垂直，并与旋转轴相吻合，急速收两臂及浮足来获得最大的旋转加速度。落冰时，两臂及浮足迅速展开，降低转速，膝弯屈，由刀齿过渡到刀刃，浮足伸向后方，稍向落冰曲线的外侧。

在基本跳跃动作的基础上，花样滑冰还包括"3"字跳、后内一周跳、一周半跳。

1. "3"字跳

"3"字跳是一种以一只脚的前外刃起跳，以另一脚的后外刃落冰的半周跳。

做"3"字跳时，以一侧动作为例，在快速滑行中作右后外弧线，两臂展开，左臂略向后，当滑至弧线的一半时，两臂向后摆，浮足靠近滑脚，头向左转，目视起跳方向。上体稍向左转，右脚用内刃向后蹬冰，左脚滑一前外曲线，准备跳起，身体重心迅速过渡到左脚，两臂向后摆，滑腿屈膝，两臂及浮足向后拉紧。起跳时，滑腿深屈，使身体重心由冰刀的后半部过渡到前面三分之一处，双臂上摆，浮足沿

花样滑跳跃

起跳曲线的切线方向上摆，起跳腿用力蹬直，使身体腾空。随着身体的腾空，向左转体180度，当身体从最高点下落时，双臂从侧上方自然下落并展开，摆动腿向后伸展，准备落冰。落冰时，以右脚冰刀第一齿着冰并迅速过渡到外刃向后滑出，同时屈膝作落冰的缓冲，两臂展开，浮足在侧后方伸直，脚尖向下向外。

根据以上技术说明，调换左右方向即为另一侧动作。

做"3"字跳时，要注意起跳腿膝部在起跳前一定要深屈，否则容易造成摆臂和摆浮足时间不足，起跳就会无力。在起跳时，为保证起跳的高度，滑膝屈伸和两臂、浮足的动作应协调一致。浮足上摆的方向是切线方向。落冰前两臂一定要在空中展开，否则就会难于控制身体的旋转，难以保证平衡的单足落冰。

2. 后内一周跳

花样滑冰的后内一周跳是单脚后内刃起跳，空中转体360度，另一脚以外刃滑出的跳跃动作。

以一侧动作为例，做后内一周跳时，在准备起跳阶段，要在较快速的滑行中，右脚作一后外曲线，在换脚起跳前，浮足靠近滑足。起跳

时，上体稍向左转，看起跳方向。左脚滑出前外曲线并转"3"字形成后内曲线，此时弧度不可过大。接下来两臂后摆，滑膝屈，然后，浮足和两臂向前，向上摆振并起跳。等身体腾空时，向左转体360度。落冰前，右腿、两臂展开，摆动腿以第一刀齿着冰，并要马上过渡到后外刃滑出。

根据以上技术说明，调换左右方向即为另一侧动作。

做后内一周跳时，要注意浮足的摆动十分关键的，身体不要过于倾向圆内，这样容易造成起跳困难。同时要注意起跳时保持上体竖直。

3. 后外一周跳

花样滑冰的后外一周跳是以单脚后外刃起跳，同脚后外刃落冰的跳跃动作，因为是同脚起跳和落冰，空中的旋转轴心较容易掌握。

以一侧动作为例，做后外一周跳时，准备起跳阶段要在快速的前滑过程中，作左前外转"3"字变左后内刃，然后右脚外刃着冰，滑后外曲线，在很短的双足滑行——即左后内、右后外——之后，身体重心向右过渡，左臂在前，右臂在后，肩压紧，在起跳一瞬间，左脚离开冰面。起跳时，右膝深屈，浮足在前，远离滑脚，右腿向下用力蹬直，身体放松，冰刀由外刃过渡到刀齿，右臂由后上摆到身体前方。身体腾空后，浮足在右腿前交叉，当向左转体270度之后，浮足稍抬起，开始后引，准备落冰。落冰时，两臂侧展，浮足后引，滑脚以外刃着冰向后滑出。

根据以上技术说明，调换左右方向即为另一侧动作。

练习后外一周跳时，要注意在起跳时上体要直，避免前倾或低头弯腰，浮足要远离滑脚，同时浮足与两臂的动作要协调一致。

4. 后外点冰一周跳

以一侧动作为例，后外点冰一周跳运动员时，准备起跳阶段要在快速滑行中，左脚滑一前内曲线，左臂在前，右臂在后，浮足在侧后。起跳时用右脚滑一前内曲线，两臂位置不动，浮足在后，右腿屈膝，做一转"3"成后外刃，这时左腿伸直后引，右膝用力伸直，起跳的同时，左脚冰刀用刀齿在右脚外侧后方点冰，两臂向左上方摆，使身体腾空。

身体腾空后，两腿并拢，向左转体360度。落冰时，两臂下落，左臂在侧前，右臂在侧后，浮足向侧后伸，右脚先以刀齿着冰，屈膝过渡到外刃向后滑出。

根据以上技术说明，调换左右方向即为另一侧动作。

做后外点冰一周跳动作时，要注意转"3"前后的曲线弧度要尽量小，而且不要过长。起跳时，浮足要用力伸直，越过起跳曲线向内点冰，同时要注意起跳前上体不要前倾。

5. 后内点冰一周跳

以一侧动作为例，运动员做后内点冰一周跳时，准备起跳阶段要在快速滑行中，右脚滑一后外曲线，左臂在前，右臂在侧后，浮足在后。起跳时右脚刀齿蹬冰，左前外滑出并转"3"变左后内刃滑行、屈膝，左臂在前，右臂和浮足向后引，左腿用力伸直蹬冰，右脚冰刀刀齿在起跳曲线方向稍偏内点冰，两腿同时迅速起跳，两臂沿转体方向上摆。身体腾空后，两腿靠拢，身体向左转体360度。落冰时两臂展开，以右脚刀齿着冰、屈膝过渡到外刃向后滑出，左臂在侧前，右臂和浮足向侧后引。

根据以上技术说明，调换左右方向即为另一侧动作。

做后内点冰一周跳时，要注意起跳时点冰不要离起跳曲线太远。起跳瞬间，浮腿应充分伸直，用刀齿点冰，而不要去刨冰，这会影响起跳时获得稳定的支点。还要注意在起跳时，两腿及两臂的动作要协调一致。

6. 外勾一周跳（不同脚起落）

外勾一周跳的空转方向与准备起跳的弧线方向相反，旋转角度也比其他跳跃更为充分。

以一侧动作为例，做外勾一周跳时，准备起跳阶段，运动员在快速滑行中，用左脚滑一较长的后外曲线，左臂前伸，右臂在侧后，浮足在后尽量远伸，上体稍前倾，左腿深屈。起跳时起跳脚和浮足、两臂的摆动、身体和头部的正直是这一动作的关键。左腿用力蹬直向上，右脚刀齿点冰，上体由前倾变为直立，点冰腿要成为一个强有力的支柱，将身体向上支起。身体腾空后，两腿并拢，身体竖直，两臂收至胸前，身体向左转体 360 度。落冰时，两臂要迅速展开，右腿屈膝，以右脚刀齿着冰，过渡到外刃向后滑出，浮足向侧后引，这样可得到大弧度的落冰曲线。

根据以上技术说明，调换左右方向即为另一侧动作。

做外勾一周跳时，要注意起跳前身体前倾不要太大。身体不可过早地转动以造成起跳无力或失败。点冰与起跳动作应一致，其位置应在滑行线的侧后。

7. 一周半跳

做一周半跳时，以一侧动作为例，运动准备起跳阶段，在快速滑行中，右脚滑一后外曲线，在曲线要结束时，左肩臂向左转，右肩臂在侧前方，浮足在后伸直，准备换脚起跳。起跳时右脚蹬冰，左脚以外刃向前滑一曲线，左肩在前，臂后引，右肩臂在后，浮足在后，上体微前倾，滑膝弯屈，两臂和浮足尽量远的向后伸。这时，左腿用力蹬直，增加对冰刀刃的压力，同时两臂和浮足向前上方摆出，左脚冰刀由外刃过渡到刀齿，最后使身体腾空。从身体离开冰面到跳跃的最高点，转体半周时以右腿为轴，左脚在右脚前交叉，两臂靠近胸前收紧，再转一周，即完成空中转体 540 度。当身体下落时，两臂要迅速展开，浮足后引。落冰时两臂向体侧展开，以右脚刀齿着冰，并过渡到外刃向后滑出，膝要屈，浮足向侧后引。

根据以上技术说明，调换左右方向即为另一侧动作。

做一周半跳时，要注意起跳曲线的弧度不要太大，并且不要离开主方向。起跳时，要控制好刀刃及刀齿的制动，将水平力最大限度的变为垂直力，这一点非常重要。起跳时，不要过早地转体，不要将浮足过早靠向滑脚，不要将浮足绕滑脚摆动，这都容易造成落冰摔倒。落冰时，浮足和两臂要迅速而有力地展开，上体不要过于前倾。

旋转

旋转是花样滑冰的主要动作之一。以支撑脚来分，可分为单足旋转和双足旋转。按姿势来分，则有直立旋转、燕式旋转和蹲转三大类别。

直立旋转包括直立弓身转、插足快速转、双足直立转、单足直立转等；燕式旋转含有：燕式提刀转、仰燕式转、鸵式转、正燕式转、反燕式转等；蹲转包括蹲弓身转、正蹲转和反蹲转等。

旋转的种类虽然很多，每一个旋转动作都由准备动作、旋转用刃、旋转姿势和结束动作四个步骤所组成。所有的旋转都必须遵循同样的原则，即身体重心必须落在旋转冰刀的支点上，即身体纵轴与旋转轴相吻合，以此获得一个稳定地旋转中心。进入旋转前的曲线弧度要小，才能把滑行速度更有效地变为旋转力。这也是旋转的关键。

花样滑旋转

双足旋转

双足旋转是由两只脚支撑的旋转动作，相对于单足旋转更为容易，最常做的双足旋转有双足直立旋转和双足直立交叉旋转两种。以下以逆时针方向为例介绍这两种双足旋转。

1. 双足直立旋转

运动员原地直立，双足分开与肩部同宽，左臂向前，右臂向后，双膝微屈。在开始旋转时，由左臂带动左肩用力向左后摆动，右臂带动右肩用力向右前摆动，双膝同时迅速伸直，使整个直立的身体形成一个转动的轴心，同时产生两个相反的转动力，此时便形成了左后内刃——右前内刃的双足直立旋转。初旋转时，两臂应呈对称侧平举姿势，以协助掌握身体平衡和转动轴心。此后可收回两臂，缩小旋转半径，加快转速。旋转结束时，再次伸开双臂以减缓转速。以右后外刃或左前外刃弧线滑出，结束旋转动作。

练习双足直立旋转时，要保持身体直立和两臂动作的均匀对称。可以从低速开始练习，熟练后，适当加速。双足直立旋转是花样滑冰技术中最为简单的旋转，是练习旋转动作的入门技术。技术动作虽不复杂，但通过练习可以慢慢体会如何掌握技巧，帮助练习者进一步学习其他更为复杂的技术。

2. 双足直立交叉旋转

双足直立交叉旋转由于双足交叉，所以技术难度较高。初练时应从双足直立转开始，旋转2至3圈后，左足经右足前方，顺应旋转方向滑至右足前外侧，形成双腿及双足交叉姿势，用右后外刃和左前内刃形成对称的双足交叉旋转姿势，足尖应靠近，足跟分开。

在练习双足直立交叉旋转过程中，要注意在形成交叉旋转后，身体重心必须保持在双足中间，双足着力均匀对称，身体保持直立，才能旋转顺利流畅。否则容易造成旋转失误，甚至可能跌倒。练习熟练后，也可以采用左前外刃"3"字步起转后，将右足经左足后方放到冰面上，形成双足直立交叉旋转姿势。这种方法较难掌握，需要由慢到快反复练习。

单足旋转

按广义分类，凡用一只冰刀在冰上进行旋转的动作都属于单足旋转。单足旋转可分为单足直立旋转、弓身旋转、蹲踞旋转和燕式旋转等。

1. 单足直立旋转

单足直立旋转是所有单足类旋转的基础，只有掌握好这一动作，才能继续其他种类的单足旋转的练习。

做单足起立旋转时，用左前外刃以"3"字步开始，刀齿制动后开始旋转，两臂的动作同双足直立旋转。左足后内刃连续做小结环形式旋转，此时右浮足首先伸向右前方，待两臂收回的同时右浮足向旋转腿靠拢，紧贴于左腿内侧。身体重心应始终保持在左足冰刀的前方刀柱处。身体的重心和旋转轴心保持得好，连续呈结环形的旋转线痕就比较集中，甚至可以在一个同心圆上进行旋转。

练习单足直立旋转时，最初几圈主要是掌握好身体平衡，保持直立轴心，然后收臂、收腿以加快旋转速度。由于单足直立旋转是一只冰刀的旋转，所以旋转在冰面上的阻力就相对较小，旋转速度比双足旋转快。

2. 单足反直立旋转

单足反直立旋转是与单足直立旋转同一方向、不同足的旋转动作，做单足反直立旋转动作时，在完成右前内——右后外"3"字旋转后，马上以右后外刃原地做连续小结环旋转动作，两臂动作同前呈侧平举姿势，左浮足于左前外侧。稳定旋转轴心后，收回两臂和浮足，加快旋转速度，也可将左足和左腿交叉放在右腿前外侧。

有些运动员以连续的右前内刃结环形来完成此旋转，由于此种技术较难掌握，而且难以加快旋转速度，在起转时还要经过多次变刃（右前内刃——右后外刃——右前内刃）和重心变化，对稳定与保持轴心都有不利影响。所以一般主张用右后外刃完成此旋转动作。以右前内刃旋转时，重心应落在冰刀后柱附近；若以右后外刃旋转，重心则应落在冰刀的前刀柱附近。

3. 弓身旋转

弓身旋转与单足直立旋转一样，也是以左前外——右后内"3"字步开始旋转，旋转稳定后即采用弓身姿势。弓身姿势包括向后弓身姿势和向侧弓身姿势。后弓身指腰和髋部向前突出，以腰为中心向后呈弯弓形；侧弓身指腰和髋部向左侧突出，以腰为中心向右呈弯弓状。无论采用哪一种弓身姿势，身体的重心和旋转轴心都必须落在旋转足的冰刀上。弓身旋转的姿势属非对称性旋转，所以在学习时比较难掌握，需要反复演练。

练习这一动作时，学习者首先应在陆地上熟悉弓身姿势，充分地体会身体重心，两臂和浮腿的位置等多方位的感觉，然后再进行冰上练习，初练时弓身幅度可小一些，旋转速度慢一些。随着体会的充分，逐渐加大弓身姿势和旋转速度。在旋转时，浮腿应向后或侧方向做相应的伸展以保持平衡，两臂伸向两侧，保持对称，或根据表演需要做些舞蹈姿势，体现出多种姿势的变化交替，用以增加旋转的艺术感。

弓身旋转

练习弓身旋转时要特别注意头部的自我保护，尤其是在初学时，一定要注意头部的保护。

4. 蹲踞旋转

做蹲踞旋转时，以左前外刃"3"字步开始，左腿膝关节屈曲，准备进入蹲踞旋转姿势，旋转时踝关节要向前屈曲，把旋转中心和身体重心置于左足

冰刀的前部，避免以刀齿刮冰。为便于旋转，将向前伸出的浮足内侧尽量向上翻。由于蹲踞旋转时身体重心较低，相对于其他旋转技术较为容易掌握。

5. 燕式旋转

燕式或称驼式。上体前屈，右浮腿向后抬起，使身体与冰面平行，与旋转腿呈垂直关系。

蹲踞旋转

运动员做燕式旋转时，在做左前外刃"3"字步时，上体开始前屈，旋转腿膝关节稍屈，右浮腿向后抬起，顺旋转方向向后伸展，与上体保持对称和平衡。左肩及左臂配合向左旋转方向迅速用力摆动，右臂自然伸展，待旋转进入平衡状态后，旋转腿伸直，头部稍抬起。这是燕式的基本姿势，在基本姿势基础上，两臂可以自然向后上方向伸展，形似燕子。练习熟练后运动员可以变换多种姿势。

6. 比莉曼旋转

做燕式旋转时，柔韧性好的运动员可以用一只或两只手在身后握住冰刀，再向上提起，使身体呈向上反弓形，这一动作十分优美，但难度也较高。这需要选手具有较好的柔韧性和较高掌握平衡的能力。这种提刀式旋转也称比莉曼旋转（以这一动作的创始人、前世界花样滑冰女子单人滑冠军瑞士的比莉曼的名字命名）。

比莉曼旋转

其他动作

1. 燕式平衡

燕式平衡动作是一种身体前屈，一条腿抬起，两臂自然伸展和另一条腿在冰上的滑行动作，因形似燕子。根据滑行用刃及方向的不同，可分为左前外刃燕式平衡、右前外刃燕式平衡、左前内刃燕式平衡、右前内刃燕式平衡、左后外刃燕式平衡、右后外刃燕式平衡、左后内刃燕式平衡、右后内刃燕式平衡等。

做燕式平衡时要自然舒展。上体和浮腿应稍微抬高一些，这样才能保持姿势优美，两臂可以根据表演的需要做些舞蹈动作，可以仰头，一只手可以扶腿或提刀。也可以在表演中改变滑行方向和用刃，共同构成一组多变的燕式组合动作，例如左前外燕式平衡，转"3"字后变为左后内燕式平衡，或转"3"后换足为右后外燕式平衡等等。这种变化做得越巧妙，动作就更新颖、优美和富于创造性。

2. 弓箭步滑行

弓箭步滑行由艾娜·包尔首创，所以又称为艾娜·包尔滑行。做这一动作时，一条滑腿屈曲，另一滑腿伸直，成弓箭步姿势。弓箭步滑行的特点是用刃比较复杂，但其姿势变化也较多。上体可前倾或后仰，两

弓箭步滑行

臂可以配合做一些舞蹈动作。

3. 大一字滑行

大一字滑行时，两腿分开，沿一定方向成直线或弧线进行双足滑行动作，根据用刃和滑行方向等不同而分为"左前外——右后外"大一字滑行、"右前外——左后外"大一字滑行、"左前内——右后内"大一字滑行和"右前内——左后内"大一字滑行。

做这一动作时，身体后倾，重心落在背侧，足尖向外分开，足跟相对，保持适当距离，成弧线滑行。

4. 规尺

规尺动作是利用一只刀齿或刀跟点冰，另一只冰刀围绕其滑行的类似圆规的动作。根据点冰和滑行足以及用刃的不同而分为左前外规尺（右刀齿点冰）、右前外规尺（左刀齿点冰）、左前内规尺（右刀齿或刀跟点冰）、右前内规尺（左刀齿或刀跟点冰）、左后外规尺（左刀齿点冰）、右后外规尺（左刀齿点冰）、左后内规尺（右刀齿或刀跟点冰）和右后内规尺（左刀齿或刀跟点冰）等。

大一字滑行

做规尺动作时，要注意一足点冰，另一只滑行足要沿与所滑圆半径相垂直的方向滑行。

PART 7 项目术语

速度滑冰专门术语

速度滑冰

速度滑冰是指在规定距离内以竞速为目的的滑冰比赛，简称速滑，是冬季奥运会的正式比赛项目。运动员脚着冰鞋在冰面上滑行，借助冰刀的刀刃切入冰面形成稳固的支撑点，通过两腿轮流蹬冰、收腿、下刀、滑进动作以及全身协调配合向前快速滑行。

切断雪线

切断雪线是指运动员进入弯道途中有意为了缩短距离，冰刀切过雪线里沿线或其他代替雪线物的滑行。在 500 米比赛项目里，运动员只要有一次触及或超越雪线即被取消比赛资格。在所有其他项目的比赛中，运动员有三次触及或超越雪线而两次受到警告时，则被取消该项比赛资格。

让道

让道是指运动员在同一跑道内前后滑跑时，滑行在前者应让在后者从外侧或内侧超越，不能阻挡。但是前提是后者不能影响前者的正常滑跑，否则违者将被取消比赛资格。

平刃滑行

是指也称"单脚平衡滑行"或"惯性滑行"。指在两腿交替滑行的过程中，蹬冰腿在结束蹬冰动作放松的同时向支撑腿收拢，使正在滑行中的支撑腿的冰刀由外刃变为内刃的滑行动作。

外转

是指属于起跑的第一步。指运动员起跑时在后脚刀蹬冰的一瞬间，前脚刀迅速向前且向外迈出的第一步。此时冰刀向外转动角度很大，故称为"外转"。

外转角度

是指滑跑时蹬冰脚冰刀或滑行脚冰刀与滑跑方向所形成一定的角度。外转角度的大小和运动员的滑跑速度有直接关系。速度越快，冰刀的外转角度越小。

冰迹

是指滑跑时冰刀在冰面上留下的痕迹。

后坐

是指速滑运动员在自由滑行结束和做蹬冰动作之前，做一个附加下蹲动作，即两膝关节、髋关节弯曲程度加大，以增强蹬冰的效果。这一动作称做"后坐"，也叫"团身"。

压步

是指运动员在进入弯道时为防止惯性影响，改变滑行方向所做的一步压一步的交叉步滑行动作。动作要领是每一步的右脚刀在左脚刀前20~30厘米处着冰，左脚刀在右脚下后侧方蹬冰。一般完成沿弯道滑行方向需经过 14~18 个压步。

色带

是指速滑运动员佩带的白色或红色色带，以标明运动员起跑道次。白色为内道，红色为外道。色带也称做"标志带"。短道速滑用不同颜色背心标志。

交换跑道

是指速度滑冰赛场为双跑道场地，内道与外道长度不同。比赛时，运动员每滑完一圈后必须在划定的换道区进行内外道交换。原先在内道的滑跑运动员必须在外道滑跑运动员面前穿过换到外道，而后者则换到内道。在此过程中若发生冲撞，内道运动员即被取消比赛资格。

抢位

是指抢位是短跑道速度滑冰比赛常用战术之一。运动员从起跑到终点冲刺的全程滑跑各个阶段中，时时刻刻都发生滑跑位置的变化。滑跑位置对运动员比赛的取胜起到非常重要的作用，在关键时刻能够抢占有利的位置是取得比赛胜利的一半。运动员在不同的比赛项目中，往往根据自己、对手及同伴等具体情况（体力、技术和战术需要）选择有利的时机、地点，抢占有利的滑跑位置，为后一段落的滑跑或最后的冲刺等打好基础。一般而言，便于在前程保存实力、后程的冲刺、防止对手超越等位置为有利的位置。在不同距离的比赛项目中，抢位时机的选择为：500米比赛的抢位时机在起跑后至第一弯道弧顶前的段落上，100米、1500米和3000米比赛中一般选择在中后程的段落上。

直道滑跑

直道滑跑是速度滑冰全程滑跑技术的一部分。直道滑跑由身体姿势、蹬冰、收腿、下刀、支撑滑行、摆臂及全身动作配合等技术环节构成，关键是蹬冰技术，因为蹬冰是速度滑冰运动中的动力来源，它直接影响直道的滑跑速度。蹬冰技术细节包括蹬冰时机、蹬冰用力顺序、蹬冰速度、蹬冰角、蹬冰方向、蹬冰力量及利用体重蹬冰等等。滑行时上体放松前倾，肩略高于臀部，自然团身，两臂伸直，双手互握于背后，头微抬起，膝关节及踝关节成一定角度。在整个滑行过程中，身体重心既不要前探，也不要后坐。

弯道滑行

是指它是速度滑冰全程滑跑技术的重要组成部分。弯道滑跑技术由弯道滑跑姿势、交叉步蹬冰、收腿、下刀、摆臂及全身动作配合等技术环节所构成。它与直道滑跑技术的不同点在于：第一，弯道滑跑时运动员的身体要始终保持向圆心内倾斜的姿势，使头部与支撑腿的膝关节和支撑腿的冰刀尖点处在身体同一矢状面；第二，利用左脚冰刀外刃和右脚冰刀内刃向外（右）侧做连续的交叉步蹬冰；第三，为了提高滑跑速度，优秀选手在弯道滑跑过程中没有自由滑行阶段。

侧向蹬冰

是指两脚冰刀轮流向身体两侧方向的蹬冰动作。弯道滑跑时，侧向蹬冰都朝身体右侧方。

速度冰刀鞋

是指由冰鞋和冰刀两个部分组成。冰鞋高帮、硬底，用优质的厚牛皮缝制而成。冰刀装在鞋底上，制作材料为硬度适宜、耐磨和滑度好的轻合金。国际通用的冰鞋规格为 34～36 号，冰刀规格为长 34～36 厘米、宽 1.35 厘米。冰刀可与鞋号相同，也可以比鞋大一号。

速滑赛场

是指速度滑冰比赛场地，由两条封闭的直线跑道连接两条弧度为 180 度的半圆曲线而组成。跑道一般宽 5 米，最窄为 4 米；最大周长为 400 米，最小为 333.5 米；内弯道半径不得小于 25 米和大于 26 米。

浮腿

是指滑冰过程中两腿交替支撑滑行，在两脚轮流蹬冰过程中，其中抬离地面的腿称为"浮腿"。

起跑技术

是指全程滑跑技术的一部分。指运动员在起点处，从静止到产生身体移动最有效的动作过程，其目的是尽快起动并为全程滑跑创造理想的滑行速度和为发挥战术创造有利条件。起跑技术包括进入起点、起跑姿势和起动三个过程的技术。运动员进入起点技术，是在发令员鸣笛至发出各就位口令后，运动员站在起跑预备线后并完成第一个静止动作为止的过程中采用的技术。在该阶段中技术的主要任务是：选择适时的时机进入起点；调整身体及精神状态做好滑跑前的准备。预备姿势技术是当发令员发出预备口令后，运动员从起跑预备线到起跑线并完成起跑姿势过程（第二个静止）的技术。在该阶段中技术的主要任务是：保持静止动作，集中注意力，使身体处在有利于快速起动的待出发状态。在出发阶段，运动员常用的起跑姿势有侧向起跑姿势、侧向"点冰式"起跑姿势、"丁字步"起跑姿势和"蛙式"起跑姿势等。起动技术是当运动员听到枪声后到完成第一步的动作（后腿开始蹬伸，前腿提转到落地）止，在预备姿势的基础上利用后腿蹬冰、前腿提膝外展、摆臂及全身动作协调配合等技术尽快起动，为疾跑阶段创造有利的身体姿势（状态）和速度条件，在短跑道速度滑冰比赛中也可发挥战术的作用。

流线型姿势

是指运动员头微抬，上体放松前倾并且自然团身，上体基本与冰面平行或略高于臀部，腿深屈。采取这种姿势的目的是为了在滑行中能减小空气阻力以保持高速度运动。

换道区

是指速度滑冰中运动员交换跑道时限定的区域范围。

着冰

是指速度滑冰技术名词。指运动员在高速稳定滑行中两脚交替蹬冰，当浮腿贴近支撑腿并积极向前提位时，浮腿冰刀顺势前送，由刀尖开始接触冰面，接着使整个冰刀落在冰面上。着冰使用的是冰刀的外刃。

雪线

是指速度滑冰场上的跑道分界线。应用不冻的雪整齐严密地堆砌在冰面上，要求宽 10 厘米、高 5 厘米。如果无雪，可以用长 10 厘米、宽 10 厘米、高 5 厘米的半圆形橡胶、木块或其他适当材料涂上颜色来代替。放置时，从弯道开始 15 米和最后 15 米内每隔 50 厘米放一块，弯道的其余部分物块间距为 1 米，在直道上则每隔 10 米放一块作为界线。

短跑道速度滑冰

短跑道速度滑冰又叫"短道速滑"，是指运动员脚穿短跑道速度滑冰刀，身着连身的滑冰服装，配带硬壳头盔、护膝和皮质手套等防护用具，在冰球场内，采用特殊身体姿势，利用两腿交替蹬冰、收腿、下刀及支撑滑行的周期性动作，沿周长 111.12 米的椭圆形的场地进行滑跑的比赛项目。在场地的两个弯道弧线上，各摆设 7 个标志块，标出场地的弯道距离。短跑道速度滑冰运动的特点是场地小（直道距离短，弯道半径小）、滑行的速度快、竞争激烈、观赏性强等，比赛采用多轮次的淘汰制，以达到终点的名次决定胜负。运动员在每个轮次的比赛中，只有进入小组的前两名才有资格进入下一轮次的比赛。比赛中采用集体出发的形式，滑跑不分道，在不违反规则的前提下，运动员可充分发挥技术和利用战术战胜对手。

滑行脚

是指支撑身体在冰面上滑行的脚。

滑步长度

是指两脚冰刀交替滑行中，从一只脚的冰刀离开冰面到另一只脚的冰刀离开冰面所留下痕迹之间的距离。另一种说法是从冰刀承受运动员体重时（变换支点）到蹬冰结束为止的一段距离。滑步长度不能决定滑跑速度。

滑跑姿势

是指在滑行中为了减小空气阻力、保持高速度而采用的特殊姿势。要求上体放松前倾，与冰面接近平行，但肩部略高于臀部，膝和踝关节深屈，头微抬起，眼看正前方，双手背在身后，或用力前后摆动双臂（或者只摆动右臂）。

滑跑犯规

是指运动员在比赛滑跑过程中的犯规行为。运动员在比赛滑跑过程中出现缩短距离、推人、横切、降速、援助、碰撞、串通和危险冲刺等行为时被认为是滑跑犯规。滑跑犯规的运动员或接力队将被取消该项目的录取资格。运动员出现犯规动作，裁判长将向他出示黄牌给予警告。任何运动员被出示 2 次黄牌，立即被驱逐出场，并取消其全部比赛成绩。如果裁判长认为犯规动作十分严重，可立即将该运动员驱逐出比赛场，并取消其全部比赛成绩。

惯性滑行

是指也称"单脚支撑惯性滑行"。指在滑行过程中蹬冰脚离开冰面后，由另一只脚支撑身体继续向前的滑行。

蹬冰

是指为获得滑行的动力，两脚要不停地用倾斜的刀刃向支点蹬动的动作。蹬冰分单脚支撑阶段蹬冰和双脚支撑阶段蹬冰。

蹬冰角

是指运动员交替蹬冰滑行时蹬冰腿与冰面所形成的锐角。蹬冰角是否适宜决定着推动速滑运动员前进的水平分力大小。

蹬冰幅度

是指运动员的身体重心在冰面上的横向投影从蹬冰之前的位置移动到蹬冰结束后的位置之间的距离。

蹬冰力量

是指蹬冰时冰刀对冰面施加的压力。它由髋、膝、踝等关节的伸直动作产生，但蹬冰力量的方向应与蹬冰脚冰刀互相垂直。蹬冰用力不是均匀的，开始力量较大。与滑步长度、蹬冰动作频率比较，蹬冰力量是取得速度的最重要因素。

蹬冰动作频率

是指在一定时间内蹬冰腿的轮换次数。蹬冰动作频率决定不了滑跑速度。

花样滑冰专门术语

大一字滑行

是指将两腿分开，沿一定方向成直线或弧线滑行的动作。根据其用刃和滑行方向的不同，可以分为向右外刃大一字滑行和向左外刃大一字滑行等。滑外刃大一字时，身体向后仰，重心在背侧，脚尖分开。脚跟相对，呈弧线滑行。滑内刃大一字时，身体向腹侧倾斜，重心在腹侧，脚尖分开，脚跟相对，呈弧线滑行。大一字滑行的动力来源于其他加速步法，即只有在获得一定速度后，方能做大一字滑行。在滑行中两臂的位置和姿势是自由的，只要舒展即可。

弓箭步滑行

也称"艾娜·包尔滑行"（由艾娜·包尔首创）。即一条腿屈曲，另一条腿伸直，呈弓箭步姿势向侧方向滑行。弓箭步滑行用刃比较复杂，变化较多。上体的姿势自由伸张，可以在滑行中做些舞蹈动作，身体可以前倾（做双内刃弓箭步滑行时），也可以后仰（做前脚外刃、后脚内刃滑行时），滑行方向因人而异，随个人习惯。弓箭步滑行，实质上是大一字步的发展和改进。

双人花样滑冰

由一男一女组成的一对，在音乐的伴奏下，两人协调一致地配合，完成一套单人滑和双人滑动作。在双人滑表演中，要求两人保持适当的距离，同时同步完成各种单人步法、跳跃和旋转等动作。双人滑动作包括托举、捻转托举、抛跳、螺旋线、双人旋转和双人自由滑动作等等。在表演时，两人要密切配合，按一定连接方式共同去完成。

双人技术节目

指在自选音乐的伴奏下，两人互相配合共同完成8个规定动作，时间是2分40秒。8个规定动作包括托举（1个）、捻转托举（1个）、单人跳跃动作（1个）、螺旋线（1个）、单人旋转或跳接旋转（1个）、双人联合旋转（1个）和接续步（2个）等。

双人旋转

指男女伴之间以不同方式相连接，并围绕同一中心进行旋转的动作。由于连接方式和姿势的不同，可有不同的名称，如"双人探戈式"、"燕式转"等等。

双脚旋转

是初级的旋转动作，最常用的有双脚直立旋转和双脚交叉直立旋转两种。

冬季奥运会花样滑冰比赛

1924 年，"第 8 届奥林匹亚体育周"（即第 1 届冬季奥运会）将第 4 届和第 7 届夏季奥运会所列的花样滑冰列为基本项目，以后历届冬季奥运会均设。包括男子单人滑、女子单人滑、男女双人滑 3 项。

冬季奥运会冰上舞蹈

1976 年第 12 届冬季奥运会首次将冰上舞蹈列为正式比赛项目，以后历届均设，比赛规则与世界冰上舞蹈锦标赛相同。

自由滑

包括单人自由滑和双人自由滑。单人自由滑是指选手在规定的时间内（男女选手不同，不同年龄组也可以不同）在自选音乐的伴奏下，自由地做各种冰上技术动作，如跳跃、旋转、联合旋转、接续步、自由滑动作和连接步法等等。双人自由滑是两人在自选音乐伴奏下，在规定的时间内（成年组 4 分 30 秒、少年组 4 分钟）在冰上自由地滑行。他们所做动作应包括托举、捻转托举、抛跳、单人跳、双人旋转或双人联合旋转、单人旋转、螺旋线、双人接续步和其他双人滑动作等等。

自由舞

是选手在规定的时间内（4 分钟）在自选音乐的伴奏下自行编排的一套舞蹈动作。音乐的韵律和节奏都不加限制，选手可以根据各自的特长任意发挥，但不允许做双人滑动作。它是冰上舞蹈比赛项目之一。

创编舞

它是选手根据规定的韵律风格和节奏去选择音乐，在规定的时间内（2分钟）自行编排的一套冰上舞蹈。选手必须按规定正确地选择音乐，然后再根据要求和音乐的风格特点创造性地进行编排。所编排的动作、步法、舞蹈姿势、风格、节奏变化和两人的连接方式等，都应与所选的音乐一致。这就要求编排和表演者对自己选择的音乐的风格和特点有较深的领会。

托举

指两人在滑行中，以某一种连接方式，男伴将女伴托起至空中并完成转体动作再落到冰上的一系列连续动作。托举动作的完成要由两人的连接方式、女伴起跳时机和转体周数等决定。如两周单臂扶髋勾手托举等等。

花样冰刀鞋

鞋用优质牛皮缝制，硬底、高跟、硬帮、高腰，分为冰鞋与冰刀两部分，男子用的为黑色，女子用的为白色。冰刀装在鞋底上，刀两边刀刃锋利，底部有弧形成槽。冰刀分为两种：一类是图形刀，特点是弧度稍大，刀齿离冰稍远，防止转动时刀齿刮冰；另一类是自由滑刀，特点是弧度较小，便于做跳跃和旋转动作。

抛跳

指在滑行中男伴将女伴抛向空中，女伴在空中完成转体动作后自行落冰的连续动作。如三周内结环抛跳等等。

阿拉贝斯滑行

指当身体直立滑行时，将一条腿在身后举起，可以伸直或半屈曲于水平位，两臂配以舞蹈动作。这种滑行因用刃和滑行方向不同也有很多种。如右前外刃阿拉贝斯滑行、左前外刃阿拉贝斯滑行等。

线痕

指滑行时冰刀在冰面上留下的痕迹。在单人滑规定图形比赛中，线痕作为评定运动员是否正确完成规定图形的依据。

规定滑行

指用一只冰刀刀齿点冰，另一只脚冰刀做圆形滑行的动作。由于点冰刀齿、刀跟及左右脚滑行用刃不同，大体可以分为右后外刃规定滑行、左后外刃规定滑行等。做规定滑行时，无论点冰用刀齿还是刀跟，另一只脚滑行的冰刀都必须与所谓圆的半径线相垂直，只有这样才能滑行流畅。规定滑行时，上体和手臂可以在滑行中做些舞蹈动作。

单人花样滑冰

简称单人滑。包括男子单人滑和女子单人滑两个项目，除了个别动作男女稍有不同外，绝大多数技术动作的名称和要领是完全相同的。其技术动作包括基本滑行、跳跃、旋转、联合旋转、联合跳跃、接续步和其他自由滑动作等等。

单人技术节目

指选手在自选音乐的伴奏下，在规定的时间内（一般为 2 分 40 秒）做规定的 8 个动作。

单脚旋转

单脚旋转种类很多，一般指凡用一只冰刀进行旋转的动作均属单脚旋转。例如：单脚直立旋转、弓身旋转、蹲踞旋转和燕式旋转等等。单脚旋转较双脚旋转难度大，再加上姿态变化较多，所以对技术要求较高。

规定图案舞

花样滑冰冰上舞蹈比赛项目。选手必须在规定韵律和节奏的音乐伴奏下（一般每个舞蹈有 3 个节奏相同的音乐），按固定的连接方式、步法和图案进行滑行表演。规定图案舞蹈列入竞赛的共 18 套，他们的音乐韵律、节奏、风格、舞伴之间的连接方式、滑行图案及步法都是固定的，但又各不相同。

轴

花样滑冰的规定图形。在花样滑冰比赛中，所有规定图形动作必须在两个相接的标准圆上完成。通过两圆圆心的直线为纵轴，通过两圆的切点且垂直于纵轴的直线为横轴。比赛时规定滑行的起点、终点均设在纵轴与横轴的交叉点上。滑完图形后离开时，运动员不得停留在纵轴上，应换脚沿横轴方向直线滑出。

起滑

运动员在滑规定图形开始时，两脚应以静止状态稳站在冰面上，然后用刀刃清楚地做一次蹬冰开始滑行，不允许有任何准备滑行步法或明显的身体扭动。

旋转

指在滑行过程中，运动员以不同的身体姿势完成的各种转体动作。单人滑中有直立转、燕式转、弓身转、蹲转等，双人滑中双人旋转、螺旋转、抛转、捻转等也属于此项技术动作范畴。

换脚旋转

指在旋转中，从一只脚换到另一只脚的旋转。换脚旋转包括多次换脚旋转，最常用的有蹲踞换脚旋转、燕式换脚旋转。

夏季奥运会花样滑冰比赛

1908 年，第 4 届夏季奥运会首次将花样滑冰列入比赛，在人工冰场进行。瑞典萨尔霍夫获得男子单人滑冠军，成为第一个奥运会花样滑冰冠军。英国和德国运动员分别获得了女子单人滑和男女双人滑冠军。1920 年，第 7 届夏季奥运会再次将花样滑冰列入比赛。此后，因冬季奥运会创办，夏季奥运会未再举行花样滑冰比赛。

捻转托举

指女伴在托举中借助于男伴双手捻动在空中完成纵轴转体，并由男伴协助平稳地落在冰上的连续动作。它与托举动作的根本不同在于：捻动后落冰前的瞬间女伴脱离男伴，自行在空中完成转体动作。捻转托举根据女伴起跳时用刃、空中姿势和转体周数等来命名，如两周勾手捻转托举等等。

联合旋转

指将变换姿势和换脚联合在一起所做的一套多样性旋转，也就是多种旋转的组合。如果组合得合理，各种旋转和换脚动作进行得很顺利，能给人以很完美的感觉。

跳跃

指运动员在滑行过程中向上跳起做包括空中转体的各种跳跃动作。从最简单的 "3" 字跳到高难度动作的三周半跳，约有 130 种，包括 "3" 字跳一周半、"3" 字跳两周半、"3" 字跳三周半、后内结环跳、勾手跳等。

燕式平衡滑行

自由滑动作的一种。就是身体前屈，一条腿抬起，要超过髋部，另一条腿伸直在冰面上滑行。由于滑行方向和冰刀用刃的不同，燕式平衡动作可以分为左前外刃燕式平衡滑行、右前外刃燕式平衡滑行等。做燕式平衡滑行时，身体要舒展，两臂和浮腿的位置是自由的，可以用一只手扶腿，也可以提刀；上体在保持水平位置的情况下可以稍抬起，仰头；浮腿应尽量高抬伸展，必要时也可以屈曲。

螺旋线

指男女伴有一只手互相牵拉，女伴在男伴的帮助下，在滑行中身体滑行的动作。因女伴用刃和滑行方向不同而有不同名称，如后外刃螺旋线等。

PART 8 裁判标准

速度滑冰裁判与评分

裁判及其职责

1. 速度滑冰裁判员的组成

全国速度滑冰竞赛，必须任命下列裁判人员和工作人员：裁判长（1人）、副裁判长（2人）、发令员（2人）、助理发令员（1人）、终点裁判员（1~2人）、计时长（1人）。

如果同时用人工和电动计时，则需两名计时长和一名助理计时员分别负责人工计时和电动计时。此外，还需要计时员（8人、人工计时）、计圈员（2人）、换道区指示员（1人）、换道区监察员（2人）、弯道监察员（2人）、终点记录员（2人）、检录员（3人）、记录长（1人）、记录员（4人）、医生（1人）、气象员（2人）。

2. 裁判人员的职责

裁判长有以下的责任：领导和指导全体裁判员工作；审查裁判员、工作人员和运动员资格；主持抽签工作；主持竞赛的全过程，保证整个比赛遵循有关的规程和规则；对新编组运动员的顺序作出安排，在全国比赛中，根据气候等情况，提出浇冰等冰面准备工作的要求；出现新纪录时，审核成绩，签署成绩证明单；比赛结束后，领导裁判员进行总结，并向全国速度滑冰裁判委员会提交书面总结。裁判长具有以下的权力：在不违反规则和规程的前提下，调整、改变比赛程序；根据冰面情况决定比赛是否可以进行；如果出现不利情况，改变比赛跑道的规格和距离；与竞赛委员会协商取得一致意见后，把比赛改在另一个场地举行；决定比赛完成宣布成绩无效的项目是否再于某地重新比赛；必要时，将有不道德行为的运动员从赛会中开除；调换发令员和其他工作人员；当观众影响了正常比赛时，可停止比赛直至恢复正常秩序。

裁判长的裁决权包括：比赛中所有意见和争议问题，但关于起点和终点除外；所有关系到规程和规则的问题，即使有人提出意见；必要时，裁判长可向大会组织委员会建议将比赛延长，但每天比赛不能超过两项，两项比赛的间隔时间不超过 40 分钟，裁判长也可根据情况作出其他规定。如已顺利结束了一项比赛，可根据情况将第 2 项比赛延至第 2 天举行，已顺利滑完的一项不再重滑。若因故中止了一项比赛，并将比赛延至下一天，全体运动员必须重滑这个项目。

副裁判长可以协助裁判长领导大会裁判工作（如设两名副裁判长应有明确分工）。当裁判长因故缺席时，应代理其职务。

发令员和助理发令员的职权如下：发令员负责裁决起点发生的全部争议的问题。发令员应站在运动员的侧面和后面，以便清楚地观察两名运动员的起跑动作。可用光电装置检查运动员起跑犯规情况。可用麦克风通过安装在起跑线附近的两个喇叭发令，以便运动员同时听到发令。在我国举行的国际比赛，用英语发令。助理发令员，应站在起跑线前 50 米至 60 米处，根据发令的指示用红旗制止运动员继续滑跑。

终点裁判员将决定哪名运动员获胜或名次相等。对他们的裁决不许上诉。采用电动计时，应用 1/100 秒表记录时间，决定哪名运动员获胜或成绩相等。两名运动员到达终点相距离在 5 米之内时，终点裁判员应在领先者到达终点时，把两名运动员之间的距离报告给人工计时长。同组两名运动员成绩相等时，如果终点裁判员判定其中一人获胜，则该运动员名次在前。如果其他组的运动员的成绩与他们两人相同，则胜者与胜者并列，第 2 名与第 2 名并列。只能由一名裁判员判定名次，判定运动员在终点直道上或到达终点时有无犯规行为。

计时长的职权是在每组比赛后，将计时秒表交给计时长。检查每块表记录时间，将准确的时间记在登记表上，确定有效成绩。同组第二名运动员距第一名运动员 5 米以内进入终点，计时长经过终点裁判员同意后，决定第 2 名运动员的成绩。不允许对正式成绩提出异议。

计时员在终点线，待发令员鸣枪（烟或火）瞬间开动秒表。因雾、雪或暗等情况，计时员站到起点线附近，在鸣枪瞬间（听声音）开始计时，若用双针秒表可指定一人兼计各段距离的累计时间。计时员正对终点线，待运动员冰刀触及终点线停表。计时员年龄应限制在 50 岁以下。

计圈员必须将运动员还要滑跑的圈数，清楚地展示出来。在最后一圈，距离终点 20～30 米时，以摇铃方式通知运动员。

弯道监察员是在每个弯道应设的人员，观察运动员在变道处的滑跑情况，如有犯规，尽快通知裁判长。

换道区指示员位于换道区末端内跑道内侧，指示运动员正确换道。在运动员出弯道时立即用旗示意，必要时可作出口头提示。

换道区监察员位于换道区外侧，监视运动员换道。若发现运动员犯规时，应立即举旗示意，并将其犯规的情况以口头或书面形式报告给裁判长。

终点记录员在计时长领导下进行工作。记录终点裁判员和计时员判定的名次和成绩。记录累计时间。必要时提示给宣告员某运动员滑完的距离和剩余圈数。当运动员滑跑即将剩最后一圈时，要提前通知终点裁判员。

记录长领导记录员做好成绩记录工作。审核运动员报名单。审核并签署各项成绩。做好抽签的准备工作。每项比赛结束后，及时向裁判长提交成绩报告单。登记比赛成绩。

记录员负责编排比赛程序和日程，制定比赛所需要的各种表格、编排，发放运动员号码。负责抽签的记录工作，记录各项成绩、名次和换算分数。每项比赛结束，及时印发成绩公报。填发运动员成绩证明。

检录员负责在起点按比赛分组表点名，检查运动员号码和收发标志带或袖标。同发令员协调配合，及时组织运动员上跑道。比赛出发前未按规则要求到达起点的运动员，将以自动弃权论。

宣告员应及时在终点宣告各项比赛成绩。介绍运动员的姓名、号码、单位、组次、道次、宣告运动员滑跑的累计时间。气象员负责测量风向、风速、冰温、气温和天气情况，将测定的结果及时填写呈报表，交有关裁判长。

计时、名次与评分

1. 速度滑冰比赛人工计时

速度滑冰比赛每次比赛必须指定6名计时员和两名替补记时员用双针秒表计时，如果由于某种原因有一名或多名计时员秒表失灵时，替补计时员的计时成绩方为有效，每组第2名运动员如果距第一名运动员1米以内到达终点时，由计时长取得终点裁判员同意后，核算决定第2名的成绩。终点线前5米，每米要用明显的痕迹标明。如双针秒表不足时，允许用单针秒表。每一位计时员每次只能用一块秒表，三表中，以两表相同的成绩为准。若三块秒表时间各不相同，则以中间秒表时间为准。如果因某种原因两块秒表失灵，则以剩下两表之平均成绩为准。如平均的时间成绩不足6秒时，采取慢于十分之一秒的时间。不足百分之一秒时同样计算。要记录每名计时员的计时成绩。

2. 速度滑冰比赛电动计时

电动计时为测量时间的装置，运动员起跑鸣枪时自动开表和运动员穿过终点线自动停表。如有条件，应装置电动计时，一定要在终点跑道之间安装两组光源，并必须尽量接近冰面。使用电动计时，应把所有项目的时间成绩进行记录，其精确度为百分之一秒，并载入正式记录。每次比赛之后，计时长要检查计时成绩，并准确地记入成绩册中。使用电动记时时，在每个项目比赛结束之后，助理电动计时员应立即调整时间磁带。在使用电动计时时，为了计时的安全，根据人工计时规定，还必须有三名人工计时员和一名替补计时员用双针秒表计时，并将他们的计时成绩记录下来。但是只限在电动计时因任何原因失灵时，方才有考虑使用人工计时的必要。如果电动计时有某一组失灵，裁判长宣布该项的电动计时的成绩被取消，只有在这种情况下才采用人工计时成绩，并要及时公布时间记录。

3. 如何确定冠军

比赛两项以上只授一奖的比赛。冠军应是滑跑完所有规定项目，并取得半数以上项目第 1 名的运动员。若有一个以上运动员并列某项第 1 名，则他们均为该项冠军；如果没有人获得多数项目的第 1 名，或所举行的项目第 1 名分别被几个运动员获得，则比赛项目积分最少者为冠军。

4. 速度滑冰比赛计算分数的方法

500 米成绩的秒数即为该项所得分数（如 38 秒 28 即 38.28 分）。1000 米按每两秒得一分计算，即滑跑的成绩除以 2。1500 米按每 3 秒得一分计算，即滑跑成绩除以 3。3000 米按每 6 秒得一分计算，即滑跑成绩除以 6。5000 米按每 10 秒得一分计算，即滑跑成绩除以 10。10000 米按每 20 秒得一分计算，即滑跑成绩除以 20。

少年乙组小全能分数计算方法如下：300 米成绩的秒数即为该项所得分数（如 38 秒 26 即 38.26 分）。600 米按每两秒得一分计算，即滑跑成绩除以 2。900 米按每三秒得一分计算，即滑跑成绩除以 3。1200 米按每四秒得一分计算，即滑跑成绩除以 4。得分只计算到小数点后三位，舍去小数的后四位，但当多名运动员总分数相同时，要考虑小数点后四位数字，冠军以后的名次也由总分决定。此项比赛中被取消比赛资格的运动员，不能进入全能名次。

5. 速度滑冰全能项目比赛的规定

获得全能冠军或取得 10000 米滑跑资格（包括比赛四项授一奖的最后一项）的运动员，必须参加完规定的所有项目的比赛。获得短距离全能冠军的运动员，必须参加规定的四个项目的比赛。特殊情况下，裁判长可以免去一些上述规定条件，但不包括取消运动员比赛资格的问题。某运动员对任何一项比赛弃权，将不允许滑跑余下的项目。

中国速度滑冰运动员技术等级标准

1. 国际级运动健将

凡参加冬季奥运会、世界单项锦标赛、世界短距离全能锦标赛、世界全能锦标赛、世界青年锦标赛、世界杯赛、青年世界杯赛达到成绩标准者。

2. 运动健将

凡参加冬季奥运会、世界单项锦标赛、世界短距离全能锦标赛、世界全能锦标赛、世界青年锦标赛、世界杯赛、青年世界杯赛、亚洲冬季运动会、亚洲单项锦标赛、全国运动会、全国冬季运动会、全国单项锦标赛、全国冠军赛、全国青年锦标赛、全国联赛达到成绩标准者。

3. 一级运动员

凡参加全国运动会、全国冬季运动会、全国单项锦标赛、全国冠军赛、全国青年锦标赛、全国联赛及省、自治区、直辖市体育局主办的综合运动会或锦标赛达到成绩标准者。

4. 二级运动员

凡参加全国单项锦标赛、全国冠军赛、全国青年锦标赛、全国联赛及省、自治区、直辖市体育局主办的综合运动会或锦标赛达到成绩标准者。

5. 三级运动员省、自治区、直辖市体育局主办的综合运动会或锦标赛、市（地、州、盟）体育行政部门主办的综合运动会或锦标赛达到成绩标准者。

等级表（男）

项目	国际级运动健将	运动健将	一级运动员	二级运动员	三级运动员
500 米	36″	37″50	40″00	45″50	50″
1000 米	1′11″	1′16″	1′19″	1′34″	1′45″
1500 米	1′50″	1′59″	2′05″	2′27″	2′40″
3000 米	4′00″	4′20″	4′35″	5′06″	5′36″
5000 米	6′40″	7′25″	7′50″	8′45″	9′40″
10000 米	13′50″	15′35″	16′10″	18′30″	20′00″
短距离全能	145 分	152 分	160 分	195 分	210 分
全能	155 分	170 分	182 分	217 分	240 分

等级表（女）

项目	国际级运动健将	运动健将	一级运动员	二级运动员	三级运动员
500 米	36″10	41″	42″50	51″	55″
1000 米	1′18″	1′24″	1′28″	1′46″	1′55″
1500 米	2′00″	2′10″	2′19″	2′45″	3′00″
3000 米	4′14″	4′40″	5′00″	5′48″	6′18″
5000 米	7′20″	8′15″	8′30″	9′10″	9′50″
短距离全能	160 分	170 分	179 分	218 分	240 分
全能	168 分	182 分	198 分	232 分	225 分

短道速滑裁判与评分

滑行规则

1. 起跑

（1）运动员听到"各就位"口令时，必须在各自的预备起跑线后的位置，采取直立姿势静止站好。当"预备"口令发出后，运动员立即到起跑线后的各自位置，采取起跑姿势等待鸣枪，等待过程须保持静止。

（2）如果运动员在"预备"口令发出前到起跑线位置或鸣枪前离开起跑线位置，则被判为起跑犯规。

（3）运动员起跑犯规时，发令员鸣枪或吹哨召回所有运动员，犯规运动员将受到警告。运动员必须迅速回到自己的出发位置，不得拖延。

（4）如多名运动员同时犯规，引起他人冲出或移动，则只警告首先抢跑的运动员。

（5）运动员以动作故意延误起跑的，应视同起跑犯规受到警告。

（6）犯规一次的运动员要受到警告，第二次犯规的运动员将被取消该距离比赛项目的比赛资格。

（7）如运动员出发后，在起跑线至第一个弯道弧顶标志物之间摔倒，则发令员可以召回所有运动员重新起跑。

2. 滑跑

（1）比赛均按逆时针方向滑行，即在跑道的内侧运动员在左侧。

（2）无论任何时候都允许超越。如果被超越者没有作出不正当动作，则任何阻碍和碰撞均由超越者负责。

（3）运动员被扣一圈时，裁判长或副裁判长须通知该运动员移到跑道外侧滑行，不得妨碍其他运动员。

（4）如果运动员被扣两圈，则应退出该组比赛。除非当时处于竞争地位。

3. 滑行规则

（1）滑行规则的基本原则是各参赛运动员要在滑行过程中进行诚实、光明正大、安全的比赛，依靠各自的实力决出比赛成绩。

（2）若有下列各种情况之一者，视为违犯滑行规则：

缩短距离：以一只或两只冰刀滑行到以跑道标志块所标示出的弯道左侧。

推人：故意用身体的任何部位妨碍、阻挡或推其他比赛队员。

横切：在跑道上不合理地超越滑行或用任何方式干扰其他比赛队员。

降速：不正常地降速，造成其他比赛队员减速或碰撞。

援助：在比赛中给予或接受体力的援助。但不包括接力比赛中，运动员推同队队员。

碰撞：碰撞阻碍正在超越的运动员。

串通：与其他运动员串通，使一次比赛的成绩不是靠自己的实力来取得。

危险冲刺：运动员在达到终点时，踢出冰刀或射出身体穿过终点的动作，可能对其他运动员造成危险，将被判为冲刺犯规。

计分办法

1. 运动员参加每赛次比赛，根据本组名次，按 5、3、2、1 分计算行进分。

2. 运动员只有参加决赛才能得决赛分。决赛各单项前四名，按 5、3、2、1 分计算得分。

3. 如果遇到名次并列的情况，则按如下办法处理：

（1）某项比赛两个第一名，则各得 4 分，以下名次分别为 2 分、1 分。

（2）某项比赛两个第二名，则各得 2.5 分，以下名次为 1 分。

（3）某项比赛两个第三名，则各得 1.5 分，以下名次不得分。

某项比赛两个第四名，则各得 0.5 分。

4. 所有的比赛均计行进分，除决赛外，所有完成比赛的运动员至少得 1 分。

5. 总名次的排列，首先按运动员的决赛得分排列。参加了决赛无决赛分的运动员排在有决赛分的运动员后面，然后排列仅有行进分的运动员，最后排列无行进分的运动员。

花样滑冰裁判与评分

裁判人员及职责

1. 花样滑冰裁判长、副裁判长职责

花样滑冰裁判长、副裁判长必须由经验丰富、精通规则、公正认真的人担任。

裁判长的职责包括：

（1）负责领导全体裁判员学习和工作。

（2）组织并检查各项准备工作。

（3）主持规则规定的竞赛抽签工作。

（4）在领队、教练员和运动员会议上传达裁判组的决定，讲解有关规则问题，但无权修改规则。

（5）监督核算分数，审查各项成绩，签字后及时予以公布。

（6）决定运动员起滑及是否重新起滑。

（7）当运动员每一图形每只脚滑行 3 次或 2 次（单足图形）后，宣布该图形滑行完毕。

（8）每一图形滑完后，安放小型标志物以指明图形转尖的位置，直到裁判员评分结束为止。

（9）运动员有不道德行为时，有权取消其竞赛资格。

（10）裁判员不称职或发生特殊情况时，可建议竞赛委员会及时作出适当处理。

（11）裁判员示分后，如发现某裁判员评分与其他裁判员评分有很大差异时，裁判长有权提出询问，该裁判员就要及时作出解释，但裁判长无权改变所示分数。

（12）领导全体裁判员进行裁判工作总结，并写成书面材料，送交竞赛委员会。

2. 副裁判长职责

副裁判长协助裁判长进行工作。当裁判长因故缺席时，可代行其职务。

3. 花样滑冰裁判员职责

花样滑冰裁判员应努力做到严肃认真、公正、准确。其职责包括：

（1）必须掌握花样滑冰竞赛规则和裁判法。

（2）裁判员应身体健康，并有良好的视力和听力。

（3）在评分中，应不受任何干扰，各自独立地工作，并对运动员当场表演的真实价值给予评分。

（4）在比赛中，除裁判长和副裁判长外，裁判员不得与其他人员交换意见。

（5）在规定图形竞赛时，各裁判员间必须保持一段距离，不得在冰场上移动，以免影响运动员滑行。在检查线痕时，应依次观察，不得用手触冰面。

（6）运动员滑完一个图形后，即予以评分，并将评分依据及评分记在记录表上，当裁判长发出信号时，立即出示自己的分数，再次得到裁判长信号时，将示分牌放下。

（7）在每一运动员滑完短节目（创编舞）或自由滑（自由舞）后，裁判员应将评分报告表交给裁判长，得到信号后，应依次出示规定动作分（编排分）和表演分或技术水平和艺术印象分。

（8）每一裁判员在示分前，必须将各自的评分依据记好并保留，对裁判长提出的问题随时给予解释。

（9）从规定图形（规定舞）比赛开始，直至自由滑（自由舞）比赛结束，除裁判长和副裁判长外，不得与任何人讨论自己或其他裁判员的评分。

（10）裁判员如违犯以上规定，首先受到裁判长的警告，如再违犯，裁判长可立即调换此裁判员。

（11）任何裁判员在评分中，表现出不公正或偏见，以及在其他方面证明其不称职或失职时，经裁判长建议，竞赛会可立即调换。

（12）在每项竞赛结束时，裁判员应参加裁判讨论会或总结会。

4. 记录计时长和总记录长职责

花样滑冰的记录计时长和总记录长职责包括：

（1）负责领导记录、计时、检录、报分等项工作。

（2）负责核对报名单、分组名单及出场顺序。

（3）负责准备及分发、搜集、整理和保存各种竞赛表格及记录资料。

（4）审查并计算每一运动员的各项得分、名次，核对后送裁判长签字，并及时公布。

（5）向各有关方面分发成绩单。

5. 记录员职责

花样滑冰记录员职责包括：

（1）执行有关记录工作。

（2）将报分员所报分数，按记分表要求准确无误并清楚地填写在表格内，并及时与另一记录员核对，发现问题，及时报告记录计时长进行处理。

（3）核算每一运动员的规定图形（规定舞）、短节目（创编舞）及自由滑（自由舞）所得分数，按成绩排列名次，并及时送交记录计时长。

6. 检录员职责

检录员负责竞赛前召集运动员点名；引导运动员入场和退场；公布将要比赛的项目和内容。

7. 计时报分员职责

计时报分员负责在裁判长发出示分信号后，按裁判员号位依次正确清楚地宣读每位裁判员所示的分数；在短节目及自由滑（自由舞）比赛时，负责计时工作，并按有关规定，用信号向运动员报告时间。

评分

根据国际滑冰联盟的规定，花样滑冰的比赛项目有单人花样滑冰、双人花样滑冰和冰上舞蹈三个项目，三个项目各有不同的评分规则。

单人滑裁判与评分

花样滑冰单人滑包括规定自由滑和自由滑。

1. 规定自由滑

规定自由滑时，运动员自选音乐，在规定的两分钟内滑完七个动作，包括两个跳、一个联合跳、联合转、换足转、跳连转和连续步。每个动作只能做一次。

裁判员要对规定自由滑做出两个评分，一是根据运动员表演的动作质量及完成情况评出规定动作分；二是根据内容编排、与音乐的配合、速度、姿态、场地利用等评出的表演分。评分方法采用 6 分制，可使用到小数点后 1 位数。

2. 自由滑

自由滑时，男子规定时间为 4 分 30 秒，女子规定时间 4 分钟，运动员要在规定时间内滑行自选动作、自由滑行跳（两周跳、三周跳）、旋转（直立转、蹲转、燕式转、联合转等）和各种步法（曲线步、大一步、3 字步等）所组成的内容。

裁判员对自由滑作出两个评分，一是根据运动员的动作难度、数量、质量，评出一个技术分。然后，再根据内容编排、音乐的配合、姿态、独创性、场地利用等评出艺术印象分。两次得分即为自由滑得分。

双人滑裁判与评分

双人花样滑冰由一男一女共同滑行，除表演单人动作外，还包括一些典型的双人动作，如托举、捻、双人旋转抛跳等。双人滑包括规定自由滑和自由滑。

1. 规定自由滑

国际滑联公布四组双人规定自由滑动作，每年只比赛其中一组，规定自由滑由运动员自选音乐，时间不得超过 2 分 15 秒，每个动作只允许做一次，若有附加动作要根据规则扣分。

2. 自由滑

自由滑时，运动员自选音乐，在规定时间的 4 分 30 秒内滑行，内容由运动员自己编排。其评分与单人滑相同，但比单人滑多了一个"协调一致"的要求。

冰上舞蹈

冰上舞蹈分规定舞、定型舞和自由舞三种。与双人滑不同，冰上舞蹈不允许作出典型的双人滑动作及单人滑的跳跃与旋转动作，而是一男一女在冰上做一些步法和姿态表演的项目。

1. 规定舞

根据国际滑冰联盟的规则，冰上舞蹈共有 18 套规定舞蹈（如华尔兹、探戈、狐步、基里安等），每年选取其中 12 套，分为四组，比赛其中一组。规定舞比赛时，按规定线路，配合规定的音乐，每套滑三次，根据表现、风格、准确性、握法等给以评分。

2. 定型舞

定型舞比赛时，运动员自选音乐，滑行一套自编的舞蹈，滑行三或六次，既有规定舞的特点，又有自由舞的特点。裁判须评出编排分和表演分。

3. 自由舞

在自由舞比赛中，音乐自选，运动员须在规定的 4 分钟内滑完自选动作。一套自由舞包括各种步法，如交叉步、蔓状步、莫霍克步等，还可做一些姿态表演；裁判根据运动员的表现评出技术分和艺术印象分。

名次

根据运动员每项的得分计算出总成绩，单项比赛由绝大多数裁判员评分排列的名次确定运动员在每项比赛最后的名次。如果大多数裁判员的评分评某一运动员为第一名，此运动员则为冠军，评某运动员为第二名，此运动员则为亚军，依此类推，将每项所得名次再乘以相应的系数，然后相加，得分最少者为总分冠军。

PART 9　赛事组织

国内外主要滑冰组织

国外滑冰组织

1. 国际滑冰联盟

国际滑冰联盟（International Skating Union，ISU）简称国际滑联。1892 年在荷兰的阿姆斯特丹举行了各国滑冰协会代表的联席会议，有荷兰、德国、奥地利、匈牙利、英国和瑞典等欧洲国家的 16 名代表出席。会上一致同意成立统一领导滑冰运动的国际滑冰联盟，并决定由联盟每年主办一届世界男子速滑锦标赛、欧洲男子速滑锦标赛，以及世界花样滑冰锦标赛和欧洲花样滑冰锦标赛。同年 5 月，国际滑冰联盟在荷兰的斯海弗宁恩正式成立。它是世界上最早成立的国际单项体育组织之一，是后来成立的国际单项体育组织联合会会员，并得到后来成立的国际奥委会的承认。

国际滑联现有会员协会共 81 个，总部设在瑞士的达沃斯，以英语、德语、法语和俄语为正式的工作语言。作为国际单项体育联合会的总会成员，国际滑联的任务是开展和普及速度滑冰和花样滑冰运动，增强运动员之间的友谊和相互了解。

国际滑联接受各国的滑冰协会作为会员，一个国家一般只接受一个协会，但由于在一些国家中速滑和花样滑冰各有独立的协会，经过审查后也可一起加入，如德国、瑞典、比利时、加拿大、美国和芬兰等国家即是这种情况。

ISU 微标

国际滑冰联合会代表大会是国际滑联的最高权力机构，每两年召开一次。一个会员协会可选派 6 人参加会议，每个会员有两票的（速滑和花样滑冰各 1 票）表决权。

代表大会闭会期间，由国际滑联理事会主持工作，理事会由主席、副主席、3 名速滑委员、1 名速滑候补委员、3 名花样滑冰委员、1 名花样滑冰候补委员组成。秘书长由理事会任命。理事会由代表大会选举产生，任期 4 年，每年开会 1 次，会议检查会员代表大会决议执行情况、确定国际比赛的地址、审批比赛记录、监督财政收支、吸收新会员和筹备下届会员代表大会。

国际滑冰联盟设有 5 个技术方面专门委员会，包括速滑委员会、花样滑委员会、集体滑委员会、冰上舞蹈委员会、短道速滑委员会。在其他方面设有申诉委员会、医务委员会和教练委员会。此外还有财务、法律、电视和媒体方面的顾问。

国际滑联现任主席是意大利人钦宽塔，秘书长是施米德。除冬季奥运会的滑冰比赛外，国际滑联的主要比赛还有速滑、短道速滑和花样滑冰的欧洲锦标赛、世界锦标赛、世界青年锦标赛等。

国际滑联的宗旨是在发展运动员之间的友谊和相互了解的基础上，开展业余滑冰运动。要求各会员协会未经国际滑联的允许不得组织或支持任何非业余的滑冰比赛。

国际滑联每年组织举办世界女子速度滑冰锦标赛、世界男子速度滑冰锦标赛、世界女子短距离速度滑冰锦标赛、世界青少年速度滑冰锦标赛、世界短跑道速度滑冰锦标赛、欧洲男女速度滑冰锦标赛、世界花样滑冰锦标赛、世界青少年花样滑冰锦标赛、欧洲花样滑冰锦标赛等赛事。

2. 各会员国滑冰协会

国际滑联的会员国各有其滑冰组织，以配合国际滑联的工作，负责组织管理本国相关赛事及滑冰运动的开展。

国内滑冰组织

1. 中国滑冰协会

中国滑冰协会（Chinese Skating Association，英文简称CKA）是中国滑冰运动的全国性的社会团体组织，最早隶属于20世纪50年代成立的全国冬季运动协会，早在1956年加入国际滑联。直到1980年6月中国滑冰协会单独建立组织，会址设在北京。

独立后的中国滑冰协会的宗旨与职能是：开展群众性滑冰活动，提高运动技术水平；制定发展规划、管理法规、训练竞赛制度和全国竞赛计划；组织举办国际性比赛，促进国际交流；选拔和推荐国家集训队运动员、教练员，组织集训和参加国际比赛；组织运动员、教练员和裁判员的培训；组织科学研究工作等。为实现这一宗旨，中国滑冰协会组织各种赛事以推动滑冰运动的全面发展。

中国滑冰协会的最高权力机构是全国委员会，常务委员会是执行机构，秘书处是办事机构。

2. 中速度滑冰队

中国速度滑冰队包括中国女子速度滑冰队和中国男子速度滑冰队，是世界速度滑冰领域的一支劲旅，多次在世界大赛上摘金夺银，特别是中国女子速度滑冰队，在国际滑冰赛事里取得了优异的成绩。

中国速度滑冰队目前主要队员有女子队的王北星、金佩钰、任慧、邢爱华、张爽、董飞飞、付春艳、于静、王霏和男子队的于凤桐、张忠奇、刘方毅、王楠、高雪峰、孙龙将等优秀滑冰选手。

隶属于中国速度滑冰队的"中国女子速度滑冰队"是一支具有国际水准的队伍，2007年在长春举行的亚冬会上，中国女子速滑队包揽了速度滑冰全部5枚金牌，两年以后，在2009年第24届世界大学生冬季运动会速度滑冰女子团体追逐赛中，中国队以 3 分 7 秒 38 的成绩获得冠军。2011 年在亚洲冬季运动会中，于静夺得速度滑冰女子 500 米比赛的金牌，并两度改写亚洲纪录。王北星则为中国队摘取一枚银牌。

3. 中国花样滑冰队

中国花样滑冰队包括双人滑运动员、男子单人滑运动员、女子单人滑运动员、冰舞运动员，主教练是姚滨。

经过近 30 年的艰苦奋斗，中国花样滑冰队从无到有、从弱到强，经历了一个不平凡的发展历程。自 1994 年陈露获得了日本 NHK 杯世界花样滑冰邀请赛单人滑冠军后，中国花样滑冰队开始在世界冰坛上崭露头角，近 10 年来取得的进步一直令国际体坛对中国的花样滑冰刮目相看。1999 年开始，申雪/赵宏博这对优秀的双人滑组合挑起中国花样滑冰队的大梁，相继取得世界大奖赛总决赛冠军、世界锦标赛亚军。目前，在著名国家花样滑冰队总教练，兼双人滑主教练姚滨的出色训练和教导下，中国花样滑冰队进步飞速，已经拥有像申雪（赵宏博）庞清（佟健）以及张丹（张昊）等具有世界水平的优秀双人滑及大批的单人滑选手。

4. 中国短道速滑队

中国短道速滑队是一支具有传奇色彩的奥运冠军团队，包括中国女子短道速滑队和中国男子短道速滑队两支团队。和许多中国体育项目的特点一样，中国女子短道速滑队的实力明显优于中国男子短道速滑队，多次在国际大赛上取得出色成绩，为中国体育界赢得荣誉。尤为世界瞩目的是，在 2010 年的温哥华冬奥会上，在主教练李琰的训练与带领之下，由王濛、周洋、张会、孙琳琳组成的中国女子短道速滑队，包揽了女子 500 米、1000 米、1500 米和 3000 米接力女子短道速滑项目的全部四枚金牌，创造了冰坛上的传奇。

中国女子短道速滑队人才辈出，曾涌现出杨扬、杨阳、王春露等一批名将。目前中国短道速滑队主教练是李琰，助理教练有冯凯、马延军。女队队员主要有范可新、王濛、周洋、刘秋宏、张会、孙琳琳、赵楠楠、李坚柔、肖涵、李文文、孙慧珠、林孟、徐可欣、张邵阳等。男队队员主要有梁文豪、韩佳良、宋伟龙、刘显伟、马强、王梓聿、杨劲、刘松博、石竟南、龚秋文、余勇俊等。

国内外重要滑冰赛事

世界速滑锦标赛

1. 世界男子速滑锦标赛

世界男子速滑锦标赛创办于 1893 年，以后每年举办一届，除两次世界大战期间有过中断外，一直延续至今。它是国际滑联最早主办的速滑比赛。

世界锦标赛的比赛项目为 500 米、1500 米、5000 米和 10000 米四项距离的全能比赛。比赛安排为第一天 500 米和 5000 米，第二天 1500 米和 10000 米。

最初，锦标赛的比赛规则规定，冠军称号只授予 4 项比赛的全能优胜者，即现在人们通常所说的速滑大全能。具体说，只有在 4 项距离的比赛中，至少要有 3 项获得第 1 名，才能被认为是速滑全能冠军。荷兰的速滑运动员艾登在 1893 年的第 1 届世界男子速滑锦标赛上取得了 500 米、5000 米、1500 米三项第一，因而荣获首届世界锦标赛的速滑全能世界冠军称号。但是，速滑大全能的这种决胜条件毕竟是太苛刻了，以致 1902 年、1903 年、1906 年和 1907 年都没有产生出世界冠军。于是，国际滑冰联盟不得不对速滑竞赛规则进行修订，新的规定是速滑全能冠军除授予在 4 项比赛中能有 3 项以上获得第 1 名者外，也可以按计算全能总分数的方法评出，并排列出全能成绩的名次。计算分数的方法是单项比赛第 1 名 1 分、第 2 名 2 分、第 3 名 3 分……依此类推。4 项得分之和为全能成绩，分数越少成绩越好。1909 年，在挪威奥斯陆举行的世界男子速滑锦标赛上，挪威的"滑冰大王"马齐逊获得 500 米和

1500 米两项第 1 名，而俄国的布尔诺夫获 5000 米和 10000 米两项第 1 名，谁也没有取得 3 项以上的胜利。于是，按各项名次计算总分，马齐逊为世界冠军。

后来，评定速滑全能冠军的方法又按比赛项目不同而规定不同的标准计算全能总分，到了 20 世纪 30 年代，国际滑冰联盟对速滑全能总分数的计算方法进行了新的修订。新的规定是以实际滑跑的计时成绩为标准，换算成得分，使计分方法更加科学、更能反映出运动员的真实水平。新的方法是以平均 500 米滑跑成绩为基数，例如，500 米比赛的滑跑成绩就直接等于得分，5000 米因为有 10 个 500 米，所以其滑跑成绩要被 10 除为平均 500 米成绩才是得分。同样道理，1500 米成绩要被 3 除，而 10000 米成绩则要被 20 除过的得分来计算。4 项比赛成绩得分加起来的总积分，为全能总分，仍是分数越少成绩越好。这种计算速滑全能总分的新方法，一直使用到今天。

速滑全能比赛只承认速滑 4 项距离总分的全能成绩，优胜者为冠军。在单项比赛中获胜者，只能认为是该项的第 1 名，而不能称作是冠军。对全能冠军，除授金牌外还要给予特殊的荣誉，要佩戴桂冠，而单项比赛第 1 名只发给一枚金质奖章。

国际滑冰联盟对各会员国报名参加世界男子速滑锦标赛人数有严格的限制。其目的就是要保证整个比赛时间的紧凑，以便为参赛的运动员尽可能创造相同的滑跑条件。目前世界男子速滑锦标赛规定每个国家只允许 1 人出场比赛。如果上一届锦标赛上有人选全能前 16 名的，则可增加 1 人，有 2 人进入前 16 名的话，增加 2 人，但其总数不得超过 4 人。另外，只允许 16 名选手参加 10000 米比赛。

我国是从 1957 年开始参加世界男子速滑锦标赛的，20 世纪 60 年代初曾经取得过较好的成绩。如罗致焕、王金玉都取得过较好的名次。

世界男子速滑锦标赛是当今世界最高水平的速滑比赛，它的速滑全能竞赛方法也被认为是最正规的。其他各类型的速滑比赛方式，都是由它派生出来的分支。因此，参加速滑全能比赛的技术要求，也就成为速度滑冰的基础。

2. 世界女子速滑锦标赛

20 世纪 20 年代，女子速度滑冰运动开始在欧洲和北美各地兴起，但是，为她们组织正式的比赛，却要迟后多年。国际滑联正式举办世界女子速滑锦标赛是在 1936 年，也是每年一届。比赛项目是第 1 天 500 米和 3000 米，第 2 天 1000 米和 5000 米。与世界男子速滑锦标赛一样，进行全能比赛方式，计算分数的方法也相同。1956 年，国际滑联对女子速滑全能比赛项目进行过一次更改，取消了女子 5000 米，增加了 1500 米一项，比赛顺序也改为第 1 天 500 米、1500 米，第二天 1000 米和 3000 米。20 世纪 80 年代初，国际滑联重新恢复了女子 5000 米项目，取消了 1000 米项目，并把全能比赛项目调整为第 1 天 500 米、3000 米，第 2 天 1500 米和 5000 米。

世界女子速滑锦标赛和世界男子速滑锦标赛一样，在参加比赛的名额上也有严格的限制。每个国家只允许报 2 名参赛，如上一届有进入全能前 16 名的，则可增加 1 名，但总数不得超过 4 名。另外，在参加最后一项长距离（5000 米）比赛资格上也有和男子全能比赛一样的规定，即只允许 16 名运动员参赛，最后 16 名运动员有全能总分数的成绩。

欧洲速滑锦标赛

1. 欧洲男子速滑锦标赛

欧洲男子速滑锦标赛是国际滑联最早主办的比赛之一，其水平与世界锦标赛不相上下。

欧洲男子速滑锦标赛创办于 1893 年，每年举行一届，至今已有百年历史。其比赛项目的设置及比赛方法与世界锦标赛完全相同。1893 年在德国柏林举行了第 1 届欧洲男子速滑锦标赛，瑞典运动员路德·艾利克森获得全能冠军。

2. 欧洲女子速滑锦标赛

从 20 世纪 70 年代开始，国际滑冰联盟开始着手准备组织一年一届的欧洲女子速滑锦标赛，1970 年举办了首届欧洲女子速滑锦标赛。它的比赛方式也是全能，其项目、比赛规则、计算全能分数的方法与世界女子速滑锦标赛完全一样。可以说，世界男子速滑锦标赛、欧洲男子速滑锦标赛、世界女子速滑锦标赛、欧洲女子速滑锦标赛都是同一类型的速滑比赛，即速滑全能；而冬奥会和冬季亚运会、亚洲杯上的速滑比赛，则是另一种类型的单项速滑比赛。为准备这两种赛制的比赛，各国都有不同的训练方法和技术理论。

开始，欧洲女子速滑锦标赛也单独举行，但是最近几年，欧洲女子速滑锦标赛往往是和欧洲男子速滑锦标赛一并举行，统称欧洲男女速滑锦标赛。

世界短距离速滑锦标赛

还在 20 世纪 60 年代末，国际滑联便为速滑运动逐渐失去观众和票房收入减少而焦虑不安。因为那时 1 年只有 1 次世界速滑锦标赛和一次欧洲男子速滑锦标赛，每 4 年才能轮上一次冬奥会的比赛，而且比赛形式也比较单一。解决的办法是增加比赛场次和使比赛形式多样化，1970 年起举办欧洲女子速滑锦标赛是措施之一；1972 年又举行短距离速滑全能锦标赛。

1972 年第 1 届世界短距离速滑锦标赛在瑞典埃斯基尔举行。它每年举办一届，也是一项速滑全能比赛，计分方法也与世界锦标赛上的大全能一样，所不同的是，全能总分计算完毕后小数点后的第 3 位可以不考虑了。4 项的比赛顺序是第 1 天为 500 米、1000 米，第 2 天仍是 500 米、1000 米，4 项积分优胜者为全能冠军。世界短距离速滑锦标赛刚开始举办时，男、女比赛不在同一地方举行，各赛各的，后来合并在一起。例如 1992 年世界短距离速滑锦标赛，男、女各 25 名运动员均在 2 月 29 日至 3 月 1 日于挪威奥斯陆进行比赛。开始举办时，是两天全部 4 项赛完后统一排列 500 米、1000 米和全能的名次，即设 3 枚金牌。现在的比赛方式是每天排一次 500 米和 1000 米的名次，最后按全能总分排全能名次，即共设 5 枚金牌。我国运动员叶乔波取得 1992 年世界短距离速滑锦标赛全能冠军。

国际短道速滑锦标赛

短道速滑是在长度较短的跑道上进行的一项冰上竞速运动。世界短道速滑锦标赛是由国际滑冰联盟主办的，1975 年，国际滑冰联盟成立了速度滑冰技术委员会，建立了速度滑冰的统一规则。第二年，开始了首届比赛，官方的正式比赛开始于 1981 年，该项赛事每年举办一届。自 1991 年开始，比赛分个人赛和团体赛。

加拿大卡尔加里冬季奥运中，短道速滑被列入表演项目，4 年后，在 1992 年冬季奥运会上，短道速滑成为了正式的比赛项目，当时设有男子个人 1000 米、5000 米接力与女子个人 1000 米以及 3000 米接力。在 1994 年冬季奥运会时，增加男子个人 500 米、女子个人 500 米、女子个人 1000 米等项目为短道速滑的小项，到下一届冬季奥运会时，又新增了男子个人 1500 米、女子个人 1500 米两个小项，从那时至今，短道速滑共有 8 个小项。既男女 500 米、1000 米、1500 米、3000 米和女子 3000 米接力和男子 5000 米接力。

国际短道速滑锦标赛以预、次、半决、决赛的比赛方式进行，采用淘汰制。4 ~ 8 名运动员在一条起跑线上同时起跑出发，抽签决定站位。在不违犯规则的前提下运动员可以随时超越对手。

我国大约从 1979 年起便开展了这项运动，1983 年第 1 次参加世界锦标赛。目前，我国女子短道速滑项目在世界居领先地位，取得了一系列的优异成绩。

冬季奥运会的速滑比赛

冬季奥运会是世界最高层次的冬季项目盛会，每四年举行一次，比赛项目包括冬季所有项目，速滑是冬奥会一个大项。国际奥委会主办的冬季奥运会是冰雪项目的综合性运动会。男、女速滑分别于 1924 年、1960 年被列为冬奥会正式比赛项目。

目前冬季奥运会的速滑比赛项目包括男子 500 米、1000 米、1500 米、5000 米、10000 米和女子 500 米、1000 米、1500 米、3000 米、

5000 米等比赛项目。从 1924 年举办第 1 届冬季奥运会起，速度滑冰便是主要竞赛项目。当时，在 14 项比赛中，有 5 项属于速滑。第 1 届冬季奥运会上的速滑比赛，因循了当时世界男子速滑锦标赛的惯例，只进行男子 500 米，5000 米、1500 米、10000 米 4 项距离的比赛和 4 项全能总分数的比赛。但是，冬季奥运会与世界速滑锦标赛不同，它更重视速滑单项比赛。虽然第 1 届冬奥会上设有速滑全能金牌，但冬奥会上进行速滑全能比赛仅进行了一次，以后历届冬季奥运会只承认速滑单项冠军。

我国从 1980 年开始参加冬季奥运会，与世界优秀速滑运动员相比，当时差距较大。

1992 年在法国阿尔贝维尔举行的第 16 届冬奥会上，我国的叶乔波在女子 500 米和 1000 米速滑比赛上获得两块银牌，实现了我国运动员在冬季奥运会上"零"的突破。

冬奥会的速度滑冰比赛赛期长达 10 天，每天只进行 1 项比赛，因此非常有利于运动员集中精力创造优异成绩，而不像全能赛制那样全部 4 项比赛在两天之内完成，难度较大。这也是冬奥会速滑能吸引许多国家的运动员参加比赛的原因，其盛况远远超过世界速滑锦标赛。

冬季奥林匹克运动会花样滑冰比赛

冬奥会花样滑冰比赛是由国际滑冰总会（ISU）与国际奥林匹克委员会（IOC）联合主办、各成员国（或地区）的业余运动员参加的花样滑冰比赛，每四年举办一次，举办时间通常在北半球的一月或二月份之间。该项赛事包含四个单项：男子单人滑、女子单人滑、双人滑、冰舞。第一次世界大战或者第二次世界大战爆发期间奥林匹克运动会花样滑冰比赛一共停办过四届，分别在 1912 年、1916 年、1940 年和 1944 年。

首届奥运会花样滑冰比赛于 1908 年在英国的伦敦举办，最早设有男子单人滑、女子单人滑和双人滑比赛。自 1924 年起单独举办冬季奥林匹克运动会时开始，花样滑冰比赛就被设为冬季奥林匹克运动会的正式比赛项目。1976年，奥运会花样滑冰比赛在原有项目中增加了冰舞比赛项目。

世界花样滑冰锦标赛

世界花样滑冰锦标赛是由国际滑冰联合会（ISU）主办，由各会员国（或地区）的业余运动员参加的花样滑冰比赛，每年举办一次。世界花样滑冰锦标赛包含四个单项：男子单人滑、女子单人滑、双人滑和冰舞。各单项的第一名享有该年度"世界冠军"的头衔。本赛事与冬奥会滑冰比赛、欧洲花样滑冰锦标赛、四大洲花样滑冰锦标赛为国际滑冰总会主办的四大世界顶级花样滑冰赛事。

首届世界花样滑冰锦标赛于1896年在俄罗斯的圣彼得堡举办，当时只有男子单人滑比赛，没有女子单人滑、双人滑和冰舞比赛。从1906年起，世锦赛增加了女子单人滑比赛。1908年，世锦赛又增加了双人滑比赛。1952年，又增加冰舞为世锦赛的正式比赛项目。

世界花样滑冰锦标赛一共中断过三次，第一次由于一战的影响，自1915年到1921年连续中断7届世锦赛。第二次因二战自1940年到1946年同样中断7届世锦赛。第三次中断是由于1961年2月15日比利时航空548航班的空难导致美国国家花样滑冰队全体18名运动员和16名随行人员全部遇难，国际滑联在慎重讨论和投票后决定取消即将举行的世锦赛，以示对美国运动员的悼念。

花样滑冰在亚洲开展的较晚。亚洲至今只有日本、中国和韩国的花样滑冰运动员在国际大赛上取得过优异成绩，总的来看与欧洲还有相当的差距。

国际滑冰联盟花样滑冰大奖赛

国际滑冰联盟花样滑冰大奖赛是一项由国际滑冰联盟（ISU）组织的大型比赛系列，由六个分站赛和一个总决赛组成，每年举办一届。比赛内容为花样滑冰男子单人滑、女子单人滑、双人滑和冰舞。

早在1995年前，美国、法国等一些花样滑冰较为普及的国家在每年秋季各自举办了多届花样滑冰大奖赛。1995 年，美国、加拿大、法国、德国和日本的滑冰协会决定将各自的大奖赛合并为冠军系列赛，在每个国家举办一场分站赛，然后五国轮流举办总决赛。1996 年，俄罗斯滑冰协会加入后又增加了俄罗斯分站赛。2003 年，国际滑冰联盟将德国站改为中国站，形成了北美洲、亚洲、欧洲各有两个分站的局面。目前，国际滑冰联盟花样滑冰大奖赛包括六个分站赛，依次是美国站、加拿大站、中国站、法国站、俄罗斯站、日本站。国际滑冰联盟花样滑冰大奖赛在六个分站赛结束后，举办总决赛，以决出各个项目的冠军。

PART 10 礼仪规范

入场礼仪

　　滑冰运动作为一项历史悠久、广受喜爱的运动，无论是运动员、裁判员、观众，都应该遵守相关礼仪，保持精神状态，这既是对他人的尊重，也是对自己、对这项运动的尊重。

　　以奥运会为例，入场时，各运动员是以一种愉悦的心情来参加奥运会的，因此会有一定的随意性，例如，向观众招手、照相留念等。但就礼仪规范来说，对运动员行进姿势还是有一定的要求。

　　第一，行进的要求。行姿属于人的全身性综合运动，届时对运动员总的要求是：轻松、矫健、优美、匀速。

　　（1）全身伸直，昂首挺胸。在行进中，要面朝前方，双目平视，头部端正，胸部挺起，背部、腰部、膝部要避免弯曲，使全身看上去形成一条直线。

　　（2）起步前倾，重心在前。在行进中，身体稍稍前倾，全身的重心落在反复交替移动的那只脚的脚掌上。需要注意的是，当前脚落地、后脚离地时，膝盖一定要伸直，踏下脚之后再略微放松，并即刻使自己的重心前移，如此才会显得步态优美。

　　（3）脚尖前伸，步幅适中。在行进时，向前伸出的那只脚要保持脚尖向前，尽量不要内向或外向。所谓步幅适中，是指行走时保持前脚脚跟和后脚脚尖二者间距离为一脚长。

（4）直线前进，由始至终。在行进时，双脚两侧走出的轨迹，应尽量呈现为一条直线，与此同时，要避免身体在行进过程中的左摇右摆。

（5）双肩平稳，两臂摆动。在行进中，双肩、双臂要自然，切忌过于僵硬呆板。双臂应一前一后地、有节奏地自然摆动，摆动的幅度以30度为佳。

（6）全身协调，匀速前进。在行进时，大体上在某一个阶段中速度要均匀，要有节奏感。

第二，在行进中也会有一些禁忌。按照礼仪规范，运动员在行进中有一些基本的禁忌。如果不注意，就会造成失礼。一般而言，禁忌主要有四：

（1）方向不确定。在行走过程中，应保持平直的行进路线，不应左右不定。

（2）瞻前顾后。行走过程中，不应左顾右盼，尤其不应回头来注视身后。

（3）速度多变。应保持匀速行进，不应忽快忽慢。

（4）八字步态。行走过程中，脚尖内向或者外向，就会形成所谓的"内八字"、"外八字"。这些步态都很难看，故应尽量避免。

赛前礼仪

比赛开始前后的各项仪式中，运动员站立的姿势是其良好精神面貌的具体体现，是十分重要的。

对于运动员来讲，其站姿的基本要求是：头端，肩平，胸挺，腹收，身正，手垂。在涉及具体要求时，男女运动员又略有不同，其要点如下：

第一，男运动员的站姿。

一般而言，男运动员在站立时，要双脚平行，大致与肩同宽，最好间距不超过一脚之宽。并应全身正直，双肩稍稍向后展，头部抬起。

第二，女运动员的站姿。

女运动员站立时，应当挺胸，收颌，目视前方。在站立之时，女子可以将重心置于某一脚上，即一脚伸直，另一条腿则略微前伸或者弯曲，或者双脚脚跟并拢，脚尖分开，张开的脚尖大约相距 10 厘米，张角约为 45 度，呈现"V"形。

第三，站姿的禁忌。站立时，运动员的禁忌有三。

（1）全身不够端正。站立时强调身体要端正，尽量避免头歪、肩斜、臂曲、胸凹、腹凸、背弓、臀翘、膝屈。

（2）双脚叉开过大。如果站立过久，允许稍微地调整一下，即双脚可适当地叉开一些，但出于美观的考虑，切勿叉开过大，尤其是女性更要谨记。

（3）双脚随意乱动。在站立时，双脚要老实规矩，不可肆意乱动。

领奖礼仪

颁奖仪式，在此是指一项比赛结束后，为获得冠、亚、季军的优秀运动员或运动队颁发金、银、铜牌的具体程序。

举行比较高级别的运动会的颁奖仪式时，通常都设置阶梯形领奖台。届时冠军站在中间最高的一级台阶上，亚军站在冠军右侧较低的一级台阶上，季军站在冠军左侧更低的一级台阶上。

在国际比赛当中，一般在颁奖仪式中奏冠军所在国家的国歌，并同时升冠、亚、季军三国国旗。其中冠军国国旗居中，位置最高；亚军国国旗居右，位置次之；季军国国旗居左，位置最低。此处所言左中右是指就国旗自身而言，而不是从观众视角看上去的左中右。

在颁奖仪式上，获奖的运动员在嘉宾为自己颁发奖牌时，需注意以下几点：

第一，颁奖程序。获得冠军、亚军、季军的参赛运动员，应身着正式服装或运动服登上领奖台，并面向官员席。

第二，基本礼节。在国际级别的运动会上，颁奖嘉宾和运动员都会互相致意。此刻所通行的礼节有二：

1. 拥抱礼。在西方，特别是在欧美国家，拥抱是十分常见的一种礼节。如今在奥运会颁奖仪式上，颁奖嘉宾

滑冰颁奖

为运动员颁奖之后，相互都会习惯性地行拥抱礼。正规的拥抱礼通常应为：双方面对面站立，各自举起右臂，将右手搭在对方左肩后面，同时左臂下垂，左手扶住对方右腰后侧。

2. 亲吻礼。亲吻礼也是奥运颁奖仪式上常见的礼节之一，它往往会与拥抱礼同时采用。即双方既拥抱，又亲吻。行亲吻礼，通常以自己的唇部接触对方的面部，但它忌讳发出亲吻的声音，而且不应当将唾液弄到对方脸上。

除了向嘉宾致意之外，运动员还应该向观众致意，以示感谢。

在颁奖仪式上，赛会方在介绍冠、亚、季军以及升旗仪式时，观众应保持安静。在介绍完获奖运动员或者升旗仪式之后，则可以尽情地欢呼和鼓掌。

握手礼仪

握手是通用的一种礼节，也是在国际上所广泛使用的致意方式。在各种运动会比赛前后，在运动员和运动员之间、运动员和裁判员之间、

运动员和嘉宾之间都常常会行握手礼。

在行握手礼时，动作、方式、顺序、表情等都有所讲究。总的来说，有以下三点值得注意。

握手

第一，讲究方式。在行握手礼时，双方均应该保持站立，并迎向对方，坐者此刻则应该起立。在伸手与他人相握时，手掌应垂直于地面，以右手与对方右手相握。握手时，应该稍许用力，上下晃动几次，并且停留两三秒钟。在与男士握手时，力度应该较与女士握手时大，并且应该握住全部手掌。与女士握手时，则不宜过紧，并且只需轻轻握住手掌的前部和手指。在握手的过程中，要注视对方的眼睛，不能"目中无人"。并应同时面带微笑，伴以简单的问候语。

第二，注意顺序。握手时，讲究"尊者居前"，即应该由双方中地位较高的一方先伸手。在女士和男士握手时，应该由女士先伸手。在运动员与裁判员或者嘉宾握手时，一般是裁判员或者嘉宾先伸手。在东道主运动员与其他国家的运动员握手时，应由东道主运动员先伸手，以表示欢迎。在与多人握手时，则应该遵循"由尊而卑"或者"由近而远"的顺序。

第三，避免犯忌。握手时的禁忌包括以下五点：

（1）不宜用左手与人握手。用左手与人握手是极不礼貌的行为，握手只能用右手。

（2）不宜用双手与异性握手。与异性握手，只能用单手轻握的方式。

（3）不宜与多人交叉握手。在与多人握手时，应该依次进行，不能交叉握手。

（4）不宜戴着墨镜与人握手。

（5）不宜戴着手套与人握手。在某些戴手套的运动项目中，运动员应该先脱掉手套再与人握手。

观赛礼仪

观众在欢迎运动员入场时，应该做到一视同仁，不论其来自哪个国家或地区，都应该报以掌声，不能只为自己熟悉、喜爱或者自己国家的运动员鼓掌。对于自己所熟悉、喜爱和自己国家的运动员，则可以采取更强烈的表达方式，如起立鼓掌、呼喊其名字，或长时间鼓掌，以示特别支持。对于来自任何国家和地区的运动员，都不能有歧视，更应该有侮辱性的语言或举动。

同时，观众在观赛时，应该根据滑冰比赛的特点，配合运动员的节奏，尽量不要影响到运动员的水平发挥。

PART 11 明星花絮

速度滑冰明星

叶乔波

叶乔波（1964 年 6 月 3 日～　）祖籍广西贺州，出生于吉林长春，是中国女子著名速滑运动员。叶乔波 10 岁进入长春市业余体校速滑班，1977 年 12 岁时，入选八一速滑队，成为中国人民解放军冰上训练基地速滑运动员。

叶乔波

1991 年 2 月，她参加世界速度滑冰锦标赛，获 500 米速滑金牌，成为中国第一个速度滑冰世界冠军。1992 年，在第 16 届冬季奥运会上，她夺得 500 米、1000 米速滑银牌各 1 枚，标志着中国冰雪运动终于实现了冬季奥运会奖牌零的突破；1992 年 3 月，她参加世界短距离速度滑冰锦标赛，力挫群英，连获 3 枚金牌，夺得女子全能世界冠军，成为中国和亚洲第一个短距离速滑世界冠军。

自 1992 年 11 月到 1993 年 3 月间，叶乔波参加各类国际速滑比赛，共获金牌 14 枚。1994 年在第 17 届冬季奥运会女子 1000 米速滑比赛中，她忍受严重伤痛，坚持参加比赛，仍夺取铜牌。冬奥会后，叶乔波因伤退役。退役之后的叶乔波，以小学四年级的文化基础，经过 6 年时间，攻读完清华大学 MBA，随后又进入中央党校攻读经济学博士。

叶乔波为中国实现了冬奥运会奖牌零的突破，为我国冰上运动作出了重大贡献，而她不懈努力超越自我的拼搏精神也不断鼓舞着人们。

于凤桐

于凤桐（1984 年 12 月 15 日～   ）生于黑龙江省伊春市，是中国速度滑冰队男子运动员，是在国际速滑界广受关注的中国男子速滑名将，尽管被认为在比赛时发挥不稳定，但还是具有相当实力，曾经夺得过世界杯 100 米和 500 米的冠军。

于凤桐

于凤桐于 1984 年出生于黑龙江省伊春市，很早就在短距离滑冰上显示出了超人的天赋，被人们称为中国男子速滑的"一号人物"。2002 年美国盐湖城冬奥会上，18 岁的于凤桐排在第二十一位，但已经创造了男子 500 米速滑的世界青少年世界纪录。随后，于凤桐日益进步，在 2005 年短距离世锦赛上收获 500 米金牌，一鸣惊人。

2006 年冬奥会，第一个 500 米，于凤桐排名第六，第二个 500 米，他在最后 100 米时踢到了冰，摔倒过了终点线。从 2006 年奥运会之后，直到 2007 年于凤桐的比赛成绩都不是很好，这种状态几乎让他结束自己的滑冰生涯。就在于凤桐感觉几乎快要放弃的时候，荷兰著名速滑教练赛吉帮助他恢复了比赛的信心和对奥运会的渴望，更重要的是帮他找回了昔日的状态。

2008 年于凤桐取得非常快的进步，2008～2009 赛季于凤桐摘得 500 米世界杯总决赛的冠军，成为中国第一个捧起金冰刀的男运动员。

2010 年温哥华冬奥会，尽管曾寄予厚望，但于凤桐仅仅获得第七名的成绩。

尽管赛场失意，27 岁的于凤桐收获到情感生活上的厚礼，2011 年 5 月 2 日，凤桐与相恋多年的女友——中国花样滑冰队教练鲍丽喜结连理，成为中国滑冰届的又一段佳话。

主要成绩如下：

2002 年第 19 届冬奥会创造了 500 米的世界青少年纪录（冬奥会成绩排名 21 位）。

2002～2003 国际速度滑冰短距离世界杯赛 500 米银牌。

2003 年第 10 届全国冬季运动会 1000 米冠军。

2004 年速度滑冰世界杯意大利罗马站 100 米第一。

2004 年速度滑冰世界杯荷兰站 500 米第一。

2004 年速度滑冰世界杯总决赛 1000 米冠军。

2004～2005 赛季世界短距离锦标赛 500 米冠军。

2005 年第十届全运会男子短距离全能冠军。

2005 年 11 月速滑世界杯美国站（威斯康星）亚军。

2005 年 12 月速滑世界杯意大利站冠军。

2006 年冬奥会 500 米第五名。

2007 年亚冬会 100 米亚军。

2008～2009 赛季世界杯日本站男子 500 米两次银牌。

2008～2009 赛季世界杯长春站男子 500 米 1 金 1 银、100 米铜牌。

2008～2009 赛季世界杯荷兰站男子 500 米银牌。

2008～2009 赛季世界杯德国站男子 500 米银牌。

2009 年哈尔滨大冬会速滑男子 500 米亚军、100 米季军；速滑世界杯总决赛男子 500 米冠军，男子 100 米季军。

2010年温哥华冬奥会速度滑冰男子500米第七名。

2012年第十二届全国冬季运动会速度滑冰男子500米第一次亚军。

短道速滑明星

王濛

　　王濛（1984年7月9日~　　）生于中国黑龙江省七台河市，是国际顶级短道速滑运动员之一，中国女子短道速滑队运动员，在女子500米项目上具有极大的实力，多次夺得世界杯分站赛的冠军，2006年都灵冬季奥运会获得500米金牌，并于四年之后2010年温哥华冬季奥运会上卫冕冠军成功，这也让她成为中国卫冕冬奥会冠军第一人。2012年10月22日，短道速滑世界杯卡尔加里站，王濛获得女子500米比赛冠军。

王濛

　　王濛的父亲王春江是一名煤矿工人，母亲张晓霞在法院工作。王濛从小活泼好动，与文静的姐姐形成了鲜明的反差。上小学时，王濛经常在放学后与小伙伴们去城郊一条小河自然封冻的冰面上滑冰，一滑就是几个小时。

　　1994年年底，10岁的王濛被黑龙江省七台河市业余体校短道速滑教练相中，教练觉得她速度快、步伐灵活，是个不可多得的可塑之材。

　　王濛自1995年年初开始了速滑训练，刚开始训练时，因为脚小，几乎找不到适合她的冰刀。别的孩子已上冰3天了，她还没有冰刀穿，这可把她急坏了。教练马庆忠多处寻找，终于给王濛找到适合她的冰刀，此后的王濛爱刀如命，每次训练结束，都要在第一时间收拾好自己的冰刀，然后才去做别的事情。

在体工队里，王濛表现出很强的活泼与霸气的性格，是出了名的淘气包，经常为受欺负的队员打抱不平。因家庭条件比较优越，她把父母送来的水果、饮料等分给大家，做到"有福共享"。她还是公认的"开心果"，只要教练不在，她就说说笑笑，不停地找乐子，队里的气氛由于王濛的性格而变得非常活跃。

速滑训练异常艰辛，几个钟头练下来，有时冰刀几乎和双脚粘在一起，很难拔下来。出于对滑冰运动天生的热爱，王濛却从没说过苦和累，因为在她的内心，始终把自己当成一块"天生滑冰的料儿"。

1997年，13岁的王濛在训练中穿坏了17双训练鞋，可见其用功之深，也正是因为这种精神，她的滑冰技术有了质的飞跃。

16岁时，王濛在全国九运会的短道速滑1500米决赛中与大杨扬、小杨阳同组竞技，夺得铜牌。同年，王濛被上调到国家队。

2002年王濛第一次参加世界青年锦标赛，就获得了女子500米冠军，成为中国第一位世界青年锦标赛冠军。同时还获得了1500米的第三名和全能亚军的成绩。自此之后，王濛在短道速滑的赛场上所向披靡，创造了一项又一项辉煌的战绩。

2006年，王濛前往意大利，参加在都灵举行的第20届冬奥会。那是她第一次参加冬奥会。在都灵冬奥会滑冰项目的比赛中，中国代表团在三对双人滑选手冲金未果，被寄以厚望的王曼丽痛失桂冠，中国滑冰队的气氛一下子变得紧张起来，赛前的自信不复存在，很多人认为中国军团很有可能全军覆没。这时候，中国队翻身的希望已经全部"押"在王濛的身上。

2月15日凌晨，都灵冬奥会短道速滑女子500米比赛拉开了序幕，比赛一开始，时有运动员摔倒，王濛发挥却极为出色，半决赛后，王濛的成绩位居第一，保加利亚选手达拉诺娃排第二，王濛的队友付天余排第三，加拿大选手勒布朗·布谢排第四。

2月17日凌晨4时，女子短道速滑500米决赛在都灵帕拉维拉体育馆内举行。王濛身着红色比赛用运动服，比赛一开始，即以闪电般的速度占据了第一个弯道。达拉诺娃紧随其后，不久超过了王濛，王濛抓住一个机会，再次反超，以0.029秒的优势取得冠军。4年前（即2002年）在盐湖城冬奥会，同样是来自七台河市的运动员杨扬在短道速滑女子500米项目夺得金牌，实现了冬奥会金牌"零"的突破；4年后（2006年），夺金的任务又被一个来自七台河的运动员王濛出色地完成了。夺得这枚至关重要的金牌后，王濛赢得了"速滑女皇"的称号。

王濛是继李宁（1984年洛杉矶奥运会）、邹凯（2008年北京奥运会）之后第三个在一届奥运会独得三枚金牌的中国运动员，目前拥有4枚奥运会金牌，与邓亚萍、伏明霞、郭晶晶、王楠、张怡宁并列成为获得奥运会金牌最多的中国运动员，同时在温哥华获得短道速滑500米金牌后成为中国代表团首位蝉联冬季奥运会冠军的运动员。

主要成绩如下：

2002年世界青年锦标赛全能亚军、500米冠军、1500米第三名。

2003年世界锦标赛3000米接力冠军。

2003~2004赛季短道速滑世界杯赛加拿大站500米冠军、1500米第二名。

2003~2004赛季短道速滑世界杯赛美国站1000米第三名。

2003~2004赛季短道速滑世界杯赛韩国站1500米第三名。

2004年世锦赛女子全能第二、500米第一、1500米第二、3000米接力第二。

2004~2005赛季世界杯系列赛总排名女子全能第一、500米第一、1000米第二、1500米第二、接力第一。

2005年世锦赛1500米季军、500米亚军、1000米季军、3000米第五、接力第二。

2005年十运会女子全能第一、500米冠军、3000米接力冠军。

2005~2006赛季世界杯杭州站500米冠军、1500米冠军、1000米冠军、接力冠军。

2005～2006赛季世界杯韩国站500米冠军、1000米冠军、接力冠军。

2005～2006赛季世界杯意大利站500米冠军、1500米第五。

2005～2006赛季世界杯荷兰站500米冠军、1500米亚军、1000米亚军。

2006年都灵冬奥会短道速滑女子1000米亚军。

2006年都灵冬奥会短道速滑女子1500米季军。

2006年都灵冬奥会女子500米冠军。

2007年全国短道速滑锦标赛1500米冠军。

2007年短道速滑世界杯都灵站500米、3000米接力冠军。

2007年短道速滑世界杯荷兰站500米冠军。

2007年短道速滑世界杯哈尔滨站500米、1000米冠军。

2008年11届全国冬运会女子团体七台河市冠军。

2008年11届全国冬运会女子500米冠军。

2008年11届全国冬运会女子1500米冠军。

2008年11届全国冬运会女子3000米冠军。

2008年11届全国冬运会女子1000米冠军。

2008年11届全国冬运会女子七圈追逐赛冠军。

2008年11届全国冬运会女子个人全能冠军。

2008年短道速滑世界杯韩国站500米、1000米、1500米冠军。

2008年短道速滑世锦赛获500、1000、1500、全能金牌，并与队友合作获3000米接力铜牌。

2008年短道速滑世界团体锦标赛团体冠军。

2008年短道速滑世界杯美国站女子500米、1000米、女子接力赛冠军。

2008年短道速滑世界杯加拿大站女子500米、1000米、3000米接力赛冠军。

2008年短道世界杯中国站女子500米、1000米、3000米接力赛冠军。

2009 年短道世界杯保加利亚站女子 1000 米冠军。

2009 年短道世界杯奥地利站女子 500 米、1000 米接力、个人全能冠军。

2009 年荷兰海伦芬短道速滑团体世锦赛冠军。

2009 年短道速滑世界杯中国站 500 米冠军。

2009 年短道速滑世界杯美国站 500 米冠军、1000 米亚军。

2009 年短道速滑世界杯首尔站 500 米冠军、3000 米接力冠军。

2009 年短道速滑世界杯加拿大站 500 米冠军。

2010 年温哥华冬奥会短道速滑 500 米、1000 米、3000 米接力冠军。

2010 年短道速滑单项世锦赛 500 米冠军。

2010 年短道速滑单项世锦赛 1000 米冠军。

2010 年短道速滑世锦赛个人全能亚军。

拉达诺娃

在 2010 年温哥华冬奥会的女子短道速滑项目中，有一位 33 岁的老将，她就是曾经作为三代中国选手竞争对象的保加利亚短道滑冰运动员拉达诺娃，这一年已经是她第 3 次参加冬季奥林匹克运动会滑冰项目的比赛。

拉达诺娃（1977 年 11 月 4 日~ ）是保加利亚短道速滑的常青树，1987 年，她从 10 岁就开始参加比赛，是保加利亚首批参加短道速滑运动的选手之一。拉达诺娃一开始就师从于著名教练员伊万·潘多夫，在短距离 500 米项目上具有强大的实力。从 1994 年就参加冬奥会开始，拉达诺娃已经先后参加了 1994、1998、2002 和 2006 四届，收获了一铜两银。拉达诺娃在冬奥会上并未取得特别突出的成绩，但

拉达诺娃

这位运动员有一个非常让人称奇的特点，除了参加短道速滑比赛，拉达诺娃还参加了2004年雅典奥运会（夏奥会）场地自行车的比赛，这种十足"跨界"的运动员，在当今体坛非常罕见，这也显示出拉达诺娃极为热爱运动的本性。拉达诺娃在感觉到自己竞争力下降时曾经表示，即使退役，她也不会离开体育界，她说："我爱运动，如果我还能保持竞争力，我是愿意继续留在这里的。"

主要成绩如下：

1994年冬奥会500米第23名，1000米第21名。

1998年冬奥会500米第11名，1000米第14名，世锦赛全能第四名。

1999年欧锦赛1000米、1500米冠军，500米、3000米、全能亚军。

1999年世锦赛500米亚军，3000米接力第三名，全能第四名。

2000年欧锦赛500米、1000米、1500米、3000米、全能冠军。

2000年世锦赛500米冠军，全能第四名。

2001年欧锦赛500米、1000米、1500米、3000米、全能冠军；同年创造女子500米世界纪录，并保持数年之久，直到2008年被中国选手王濛打破。

2001年世锦赛1500米亚军，3000米、全能第三名。

2002年盐湖城冬奥会女子500米银牌，1500米铜牌。

2006年都灵冬奥会女子500米银牌。

2007年世界杯荷兰站1000米冠军、美国站第二次500米冠军。

2008年欧锦赛1500米亚军。

2010年温哥华冬奥会女子1500米第七名。

沙尼·戴维斯

沙尼.戴维斯（1982年8月13日~   ）出生于美国的芝加哥，是一位著名的黑人滑冰运动员。

在已经举办的21届冬奥会历史上，只有一位黑人运动员获得金牌，他就是美国男子速滑选手沙尼·戴维斯。戴维斯出生在美国的芝加哥，与 NBA 飞人乔丹是同乡。小时候，他迷恋篮球，崇拜乔丹，一心梦想成为乔丹的接班人。7 岁那年，当他说自己想当运动员时，爸爸妈妈立即同意了他的想法，毫不犹豫地把他领到了滑冰场上。沙尼·戴维斯只好中断了他的篮球梦想，但却开始了他

沙尼·戴维斯

的滑冰之梦。开始训练后，很快教训就发现戴维斯竟然是个滑冰的好苗子，他在一起训练的队友中脱颖而出，后来被选入国家短道速滑队，与两届冬奥会金牌得主奥诺一起训练，而且与之很快成为好朋友。

2002 年，戴维斯虽然得到了盐湖城冬奥会的参赛资格，但并未入选主力阵容。

2005 年 2 月，戴维斯与队友获得北京短道短速世锦赛男子 5000 米接力冠军，这大大提升了他的信心。等到了 2006 年都灵冬奥会时，他早已蓄势待发，志在必得，这一次他成功了，戴维斯在冬奥会上获得男子 1000 米的金牌。在戴维斯之前，冬奥会上有两位肤色较黑的运动员获得过金牌，他们分别是加拿大男子冰球队员伊金拉和美国双人雪橇选手弗劳斯，但这两人都是黑白混血儿，而只有戴维斯才是纯正的黑人。

主要成绩如下：

2004 年韩国单项世锦赛 1500 米冠军。

2004 年挪威全能世锦赛全能亚军。

2005 年俄罗斯全能世锦赛全能冠军。

2006 年加拿大全能世锦赛全能冠军。

2006 年都灵冬奥会 1500 米亚军。

2006 年都灵冬奥会 1000 米冠军。

2007 年美国单项世锦赛 1500 米冠军。

2007 年美国单项世锦赛 1000 米冠军。

2008 年德国全能世锦赛全能季军。

2008 年日本单项世锦赛 1500 米亚军。

2008 年日本单项世锦赛 1000 米冠军。

2009 年加拿大单项世锦赛 1000 米季军。

2009 年加拿大单项世锦赛 1500 米冠军。

2010 年温哥华冬奥会 1000 米冠军。

花样滑冰明星

阿列克谢·亚古丁

阿列克谢·亚古丁（1980 年 3 月 18 日~   ）是国际闻名的俄罗斯花样滑冰运动员，他在刚满 18 岁时即夺得了花样滑冰世界锦标赛的金牌，为史上第二年轻的世界冠军，他是 2002 年冬季奥林匹克运动会花样滑冰男子单人滑金牌得主。他也是花样滑冰男子单人滑史上唯一的"大满贯"得主。

亚古丁出生在俄罗斯的列宁格勒（今圣彼得堡市）。他是家中的独生子，童年时父母分居后离异，母亲独自抚养亚古丁长大。四岁时亚古丁开始学习滑冰，10 岁之前便学会了所有两周跳，12 岁之前就掌握了所有的三周跳，到 13 岁的时候，亚古丁已经能成功做到成年组选手视为高难度动作的阿克塞尔三周跳。亚古丁 12 岁之前的启蒙教练是亚历山大·马耶洛夫，1992 年马耶洛夫迁往瑞典，这位负责的教练临行前将亚古丁引入俄罗斯著名花样滑冰教练阿列克谢·米申门下。从 12 岁到 18 岁的六年中，亚古丁在米申的门下刻苦训练，逐渐成为一个国际级的顶尖高手。1994 年亚古丁开始参加国际比赛，16 岁时赢得世青赛的冠军。1997 年，他首次参加世锦赛，获得了铜牌。接下来在 1997 ~ 1998 赛季的赛事中，亚古丁赢得了 1998 年欧洲锦标赛的冠军，这是他进入成年组后赢得的第一个国际大赛冠军头衔。1998 年日本长野冬季奥运会，他因严重肺炎导致自由滑时高烧上场，频频失误，最后取得了第五名的成绩。仅仅一个月后，他在美国明尼阿波利斯举办的世锦赛上赢得了自己的第一个世界冠军头衔。这一名次也让他成为苏联解体后俄罗斯的第一个男子单人滑世界冠军。

亚古丁

　　1998 ~ 1999 赛季，亚古丁参加了共十三项赛事，赢得十一项冠军，并且在世界职业花样滑冰锦标赛上战胜了经验丰富、表现力超群的柯特·布朗宁，成为唯一一位赢得这一头衔的业余选手。

　　1999 ~ 2000 赛季，亚古丁第三次赢得世锦赛冠军，至此在该项赛事上取得了三连冠的骄人战绩。

　　在 2001 年世锦赛上，由于赛前他右脚严重扭伤，资格赛发挥非常不好，仅排小组第五。在这种不利的形势下，他打了五针封闭后坚持上场，出色地演绎了一曲激情澎湃的《革命》，全场观众为之折服，赢得了众人的敬意。最终亚古丁成功摘得了 2001 年世锦赛的银牌。

　　在 2001 ~ 2002 赛季中，亚古丁对训练方式做改变，个人状态逐步回升，就是在这一赛季，亚古丁迎来了运动生涯中最辉煌的时期。他在各项大赛中所向披靡，将大奖赛总决赛、欧锦赛、冬季奥运会和世锦赛四大国际赛事的金牌悉数揽入怀中，成为男子单人滑史上唯一一位赛季"大满贯"得主。

　　在 2002 年美国盐湖城冬季奥运会上，亚古丁凭借短节目《冬季》

和自由滑《铁面人》近乎完美的演绎，以绝对优势无可争议地赢得了男子单人滑项目的金牌。他也成为五十年来第一位短节目和自由滑都被全部九位裁判一致列为第一的男子花样滑冰选手，在自由滑中，他更是取得了空前绝后的四个艺术表现满分 6.0——这一纪录也将永远保持下去。

多年的征战给亚古丁留下累累的伤痕，2003 年 10 月，亚古丁正式宣布退役，并在大奖赛加拿大站举办了告别演出，同一年，他被评为俄罗斯"最佳运动员"，赢得"荣誉"奖；此外由于他"在体育上的杰出业绩以及对俄罗斯文化的贡献"，由时任俄罗斯总统普京亲授四等"国家贡献奖"。那一年，亚古丁刚满 23 岁。

主要成绩如下：

1997 年世界花样滑冰锦标赛季军。

1998 年世界花样滑冰锦标赛冠军、欧洲花样滑冰锦标赛冠军。

1999 年世界花样滑冰锦标赛冠军、欧洲花样滑冰锦标赛冠军。

1998～1999 赛季国际滑联大奖赛总决赛冠军。

2000 年世界花样滑冰锦标赛冠军、欧洲花样滑冰锦标赛亚军。

2001 年世界花样滑冰锦标赛亚军、欧洲花样滑冰锦标赛亚军。

2000～2001 赛季国际滑联大奖赛总决赛亚军。

2002 年世界花样滑冰锦标赛冠军、欧洲花样滑冰锦标赛冠军、冬季奥运会男子花样滑冰冠军。

2001～2002 赛季国际滑联大奖赛总决赛冠军。

陈露

陈露（1976 年 11 月 24 日—　）生于中国吉林省长春市，是国际著名的花样滑冰女子单人滑运动员。她在 1994 年利勒哈默尔冬季奥运会中获得了中国第一枚（亚洲第二枚）花样滑冰冬奥会奖牌，于 1995 年在世界花样滑冰锦标赛中成为中国第一位（亚洲第三位）花样滑冰世界冠军，并在 1998 年长野冬季奥运会中获得了中国第二枚（亚洲第三枚）花样滑冰冬奥会奖牌，成为亚洲第一位连续两届冬季奥林匹克运

动会都获得奖牌的花样滑冰运动员。由于
陈露在数场比赛和表演中都是以中国传统
爱情悲剧《梁山伯与祝英台》为主题，表
现故事中女主角为恋人殉情并蜕变成蝴蝶
的爱情悲剧，了解这一主题的观众与媒体
往往喜欢将陈露称为"冰上蝴蝶"，由于
她的英文名是 Lu Chen，国外观众也喜欢叫
她 Lulu。

陈露

　　陈露在花样滑冰界崭露头角是在 20 世
纪 90 年代初，当时作为一名年轻的花样滑
冰运动员，陈露早已展现了她的运动天赋
和艺术才华。她能轻松地完成五种三周跳
（后外点冰三周跳、后内三周跳、后外三周
跳、后内点冰三周跳、勾手三周跳）和两周半跳，以及含有三周跳的联
合跳跃。即使是与同一时期的世界顶尖选手——如克丽斯蒂·山口、伊
藤绿、托尼亚·哈丁、南茜·克里根等相比较，陈露也毫不逊色，甚至
能完成更多的跳跃。1991 年，在德国慕尼黑举办的世界花样滑冰锦标
赛自由滑阶段中，14 岁的陈露完成了七个三周跳（包括一个后外点冰
三周跳接后外点冰三周跳的联合跳跃），由于那时花样滑冰女子单人滑
刚刚步入三周跳时代，因此年轻的陈露立即受到广泛关注。

　　陈露于 1992 年世界青少年花样滑冰锦标赛中蝉联季军后，随即在
第十六届冬季奥林匹克运动会中获得了第六名的成绩，这对于刚刚参加
冬奥会的运动员来讲已经是相当优异的成绩。在那届冬奥会中，她的跳
跃才能一如既往地得到了充分展现。在自由滑阶段里，她完成了六个三
周跳，比前五名都多。同时她也是该届冬奥会前六名中唯一没有在跳跃
环节摔倒的选手。

　　紧接着冬奥会的佳绩，陈露在 1992 年和 1993 年两届世锦赛中都取
得铜牌，这也是中国运动员首次在花样滑冰世锦赛取得奖牌。

　　1994 年，在第十七届冬奥会中，她在日本作曲家久石让为动画大

师宫崎骏制作的电影《风之谷》配乐伴奏下，完成了六个三周跳，赢得该项目第三名，这让陈露成为首位获得花样滑冰冬奥会奖牌的中国运动员。

在1994年2月的第十七届冬奥会后，由于该届冬奥会女子单人滑冠亚军巴尤尔和南茜·克里根都不再参加业余比赛，陈露成为同年3月世锦赛冠军的热门人选，但一次意想不到的骨折，令她不得不退出世锦赛。

1995年在英国伯明翰举办的世锦赛中，陈露以《末代皇帝》的电影音乐为配乐，成功完成五个三周跳（其中一个为勾手三周跳接后外点冰两周跳的联合跳跃）。她最终力克包括关颖珊在内的多位国际花样滑冰名将，成为中国第一位花样滑冰世界冠军。

接下来的一年陈露状态时好时坏，不稳定的状态影响了当年多项比赛的成绩。

在1996年世锦赛中，陈露输给了美籍华裔关颖珊而屈居第二。在自由滑阶段，她俩都因出色的表现分别获得了两个艺术分6.0分的满分，但关颖珊的技术分更高。自由滑阶段的9名裁判中，有6人认为关颖珊领先于陈露，另外3人则认为陈露领先于关颖珊，最终陈露卫冕世界冠军失败。

1998年长野冬奥会中，陈露宣布她将在冬奥会后告别花样滑冰国际业余大赛。这次参赛，她的短节目采用的音乐是《再会诺尼诺》，自由滑采用的音乐是《梁祝小提琴协奏曲》。陈露最终获得自由滑阶段的第三名，从而再次拿到了冬奥会铜牌，并成为历史上第十位（亚洲第一位）蝉联两届冬奥会奖牌的女子单人滑运动员。

主要成绩如下：

1990年中国花样滑冰全国比赛第1名。

1991年世界青少年花样滑冰锦标赛（匈牙利布达佩斯）第3名。

1991年世界花样滑冰锦标赛（德国慕尼黑）第12名。

1991年中国花样滑冰全国比赛第1名。

1992年世界青少年花样滑冰锦标赛（加拿大赫尔）第3名。

1992 年第十六届冬季奥林匹克运动会（法国阿尔贝维尔）第 6 名。

1992 年世界花样滑冰锦标赛（美国奥克兰）第 3 名。

1992 年中国花样滑冰全国比赛第 1 名。

1993 年世界花样滑冰锦标赛（捷克布拉格）第 3 名。

1993 年中国花样滑冰全国比赛第 1 名。

1994 第十七届冬季奥林匹克运动会（挪威利勒哈默尔）第 3 名。

1994 年中国花样滑冰全国比赛第 1 名。

1994 年冠军系列赛（后更名为大奖赛）日本站（日本盛冈）第 1 名。

1995 年世界花样滑冰锦标赛（英国伯明翰）第 1 名。

1995 年中国花样滑冰全国比赛第 1 名。

1996 年亚洲冬季运动会（中国哈尔滨）第 1 名。

1996 年冠军系列赛（后更名为大奖赛）美国站（美国底特律）第 2 名。

1996 年冠军系列赛（后更名为大奖赛）法国站（法国波尔图）第 2 名。

1996 年冠军系列赛（后更名为大奖赛）日本站（日本名古屋）第 1 名。

1996 年冠军系列赛（后更名为大奖赛）总决赛（法国巴黎）第 4 名。

1996 年世界花样滑冰锦标赛（加拿大埃德蒙顿）第 2 名。

1996 年中国花样滑冰全国比赛第 1 名。

1997 年世界花样滑冰锦标赛（瑞士洛桑）第 25 名。

1997 年中国花样滑冰全国比赛第 1 名。

1998 年第十八届冬季奥林匹克运动会（日本长野）第 3 名。

1998 年中国花样滑冰全国比赛第 1 名。

约翰尼·威尔

约翰尼·威尔（1984 年 7 月 2 日~ ），美国著名男子花样滑冰运动员。威尔是一位在体育方面兴趣广泛的运动员，他 12 岁时开始学跳

约翰尼·威尔

跃，后来又练过足球、棒球、滑雪和马术。在观看了一次电视转播的花样滑冰比赛后，他开始对这项运动发生兴趣，并最终选择滑冰成为自己的职业。

从事花滑运动第一年，威尔就顺利通过测试晋升为国家队少年组选手，并参加了青少年奥林匹克运动会中单人滑与双人滑两个项目。不久之后，威尔放弃了双人滑，开始潜心于单人技术的练习。

由于天赋过人，威尔跳过了自由式中级，直接升到了新人组，威尔在新人组的训练进步非常迅速，他在 1998 年于费城举行的全美花滑锦标赛中获得铜牌。1999 年，成为青少年组选手，参加在盐湖城举行的全美锦标赛，并取得第四的成绩，在后来的赛季中威尔参加了青少年大奖赛的两个分站，分别获得第二和第七。

2000 年，威尔在克里夫兰举行的全美花样滑冰锦标赛中，威尔在短节目后暂列第一，由于在自由滑中发挥欠佳，最终获得第五的成绩。

2000 年夏天，威尔顺利入选成年组选手，他作为成年组选手参加的第一场比赛是 2001 年在波士顿举办的全美锦标赛。道场成年比赛即获得第六的好成绩。

2001 年 3 月 1 日，威尔体表美国队夺得了世界青少年花样滑冰锦标赛冠军，这是威尔首次获得国际比赛的冠军。

2002 年在洛山矶举行的全美锦标赛上，威尔取得了比以前更好的成绩，并因此成为了世锦赛和冬奥会美国国家队的替补。

接下来的一年威尔遭遇厄运，由于伤病，他不得不退出他的两站大奖赛分站。之后又在达拉斯举行的全美锦标赛上由于膝盖受伤不得不退出比赛。

2004 年 1 月 10 日，威尔在亚特兰大用两套精彩的节目，获得了人生中的第一个全美男单冠军头衔。接着又在德国的多特蒙德举行的世界锦标赛上获得了第 5 的成绩。

2004 ~ 2005 赛季，威尔在一系列大奖赛的分站赛中大放异彩，获得两金一银的成绩。继 2004 年秋季获得的优异成绩后，2005 年，在全美锦标赛上成功卫冕。

切尔特兹·李

切尔特兹·李（1993 年 4 月 21 日~ ）出生于澳大利亚新南威尔士州卡姆贝尔，她的父亲是一位出生在孟加拉国的华侨，母亲是出生于路易斯安那州的非裔美国人。切尔特兹从六岁开始接受了长达六年的体操训练，这为她后来成为一名出色的花样滑冰运动员打下了坚实的基础。切尔特兹·李目前是澳洲著名的女子花样滑冰运动员之一。

切尔特兹·李 15 岁的时候参加了 2008 年第 23 届世界花样滑冰锦标赛。2009 年她战胜了以色列知名花样滑冰

切尔特兹·李

运动员塔马尔·卡特兹（Tamar Katz），取得雾迪杯花样滑冰赛第十五名的成绩；这让她获得进入澳洲国家体育代表团参加 2010 年冬季奥林匹克运动会资格。在冬奥会的比赛中，她于短时间的资格赛中名列第十八位，并取得 52.16 分的个人职业生涯的最佳成绩。最终她的成绩名列第二十位，随后她亦代表澳洲参加了 2010 年的世界花样滑冰锦标赛，总成绩最终名列第十七位。

切尔特兹·李仍被很多人看作是世界花样滑冰中的一颗明日之星，有着巨大的发展潜力。

主要成绩如下：

2006～2007赛季澳洲青少年花样滑冰锦标赛第6名。

2007～2008赛季澳洲花样滑冰锦标赛初级赛第1名、世青赛第23名、ISU初级大奖赛澳洲站第5名。

2008～2009赛季世锦赛第20名、四大洲花样滑冰锦标赛第13名。

2010年冬奥会花样滑冰比赛第20名。

2010～2011赛季四大洲花样滑冰锦标赛第10名。

金妍儿

金妍儿（1990年9月5日～　）是韩国著名的女单花样滑冰运动员，她出生于韩国富川市，父亲金贤西，母亲朴美熙，六岁时全家移至军浦市。金妍儿7岁开始练习花样滑冰，教练发掘出她极高的滑冰天赋，建议她母亲支持女儿持续的滑冰训练，尽管家境并不富裕，金妍儿的父母还是听从教练的建议，全力支持金妍儿学习花样滑冰。2002年，金妍儿第一次参加了国际大赛即获得金牌。2003年，12岁的金妍儿赢得了韩国青少年花样滑冰大赛的冠军，成为该项赛事史上最年轻

金妍儿

的获奖者。随后，她又获得了第二个国际大赛冠军，并在2004年再次获得韩国花样滑冰大赛冠军。

在2004～2005赛季中，金妍儿在世界青少年花样滑冰大奖赛中国站和匈牙利站的比赛中，分别获得银牌和金牌，并在随后的世界青少年花样滑冰大奖赛总决赛以高分获得亚军。

2005～2006赛季，由于年龄的限制，金妍儿无法参加2006年冬奥会。但她在同年举行的世界青少年花样滑冰大奖赛斯诺文尼亚和保加利亚站上均获得冠军。在2006年世界青少年花样滑冰大奖赛总决赛上，

　　尽管伤病缠身，金妍儿还是以领先第二名28.34分的优势获得冠军，在随后的世界青少年花样滑冰世界锦标赛上再度获得冠军。

　　在2006～2007赛季中，金妍儿开始参加成人组的比赛，并在自己的第一个国际成人组比赛中获得铜牌。2006年在俄罗斯举行的世界花样滑冰大奖赛总决赛，金妍儿带伤出战，根据规定，在没有服用任何止痛药物的情况下，她靠胶布和毅力撑过比赛，以11.68分的优势获得冠军。

　　2007年金妍儿在世锦赛短节目中第一次刷新了世界纪录，而体力透支的她，在随后的自由滑中摔倒，最终排名第3，为韩国争得了两个下赛季参赛名额。同时，金妍儿是当天比赛唯一使用3—3难度跳跃的选手。

　　在2007～2008赛季中，金妍儿在2007年花样滑冰大奖赛中国和俄罗斯分站赛中，分别以24.34和24.43的优势夺得冠军并刷新由自己保持的世界纪录。在大奖赛总决赛中，金妍儿以出色的表现成功卫冕。

　　在2008～2009赛季中，2008年在温哥华举行的国际比赛中金妍儿再次夺冠并打破纪录。2009年在美国洛杉矶举行的花样滑冰世锦赛中，金妍儿刷新了由自己保持的世界纪录，成为打分规则改变以后第一个总分超过200分的女单选手，这也让她成为了自2005年以来世锦赛以最大优势夺冠的选手。

　　在2009年大奖赛法国站的比赛中，金妍儿接近完美的表演让她再次刷新自己保持的世界纪录。而在此后的美国站和大奖赛总决赛上，金妍儿又一次刷新世界纪录夺冠。2010年温哥华冬奥会花样滑冰女子单人滑，短节目、自由滑，金妍儿以总成绩228.56分第11次刷新历史最高分纪录，获得奥运会冠军，为韩国夺取首枚冬奥会花滑金牌。

　　金妍儿10岁就能完成三周跳，12岁在比赛中使用5个三周跳，14岁第一次在世青赛中使用3周连跳。金妍儿以她极其出色的起跳速度、高度和远度而出名，卓越的艺术性和驾驭不同类型音乐的能力让她能独霸冰场，成为世界级的花样滑冰大师。

关颖珊

关颖珊（1980 年 7 月 7 日～　）出生于美国加利福尼亚，是蜚声世界的女子花样滑冰运动员。

关颖珊

关颖珊出生在美国加州洛杉矶县的托伦斯，是家中的第 3 个儿女，她的父母是从香港移民到美国的。关颖珊的哥哥是一位冰上曲棍球队的球员，姐姐则是花样滑冰选手，由于这种家庭氛围，她在 5 岁时就开始对花样滑冰产生兴趣，并跟随着哥哥姐姐学习滑冰。在关颖珊大约 8 岁大时，已经显露出滑冰的天赋，并开始与姐姐一起进行严格的训练。她们每天在早上 3 点起床，练习 3 到 4 小时后才去上学，放学后又马上回到冰场报到。

关颖珊的父母都是普通的工人，三个子女的体育训练费用对他们来讲不是一个小数目，为支持孩子们的训练，关颖珊的母亲找到第二份工作，父亲也想尽办法增加工作时间来应付溜冰费用与教练费。最后甚至卖掉自己的房子。

坚苦的训练与家庭的支持，再加上关颖珊极高的滑冰天赋，让她很快在花样滑冰界脱颖而出。1994 年她获得世界青年锦标赛冠军，1996 年关颖珊在 15 岁时就夺得了第一个全美冠军和世界冠军。此后就一发不可收拾，在短短数年之中，关颖珊夺得了 4 次世界冠军、5 次全美冠军和一次奥运亚军。她是继克里斯蒂·山口之后连夺 1991 年和 1992 年单人滑世界冠军后又一个蝉联冠军的选手，在长野冬奥会前的 1998 年全美花样滑冰比赛上，关颖珊在安吉利卡著名小提琴伴奏下演绎的一套无懈可击的动作，彻底征服了观众和裁判。

关颖珊多才多艺，既是一位世界顶级的运动员，也是一位优秀的作者，她 1997 年出版的自传《关颖珊：冠军的心声》，到如今已经是第六版。她还曾经为《辛普森一家》、《居家男人》、《花木兰 2》、《冰公主》等多部影片配音。关颖珊曾经在许多花样滑冰节目中演出，也在许多其他的电视节目中客串演出。

2006 年秋天，关颖珊转学到科罗拉多州的丹佛大学，主修政治学，副修则是国际关系，并于 2009 年 6 月毕业。然后，她选择在塔夫茨大学 Flectcher 法学和外交学院继续她的研究生学业。

2006 年，关颖珊退出全美锦标赛，但获特批得到冬奥会入场券。到都灵后，因伤宣布退出。

作为 20 世纪整个 90 年代花样滑冰的明星人物，关颖珊在她的运动生涯中赢得了前无古人的 43 座冠军，包括 5 个世锦赛女子单人滑桂冠，9 次全美冠军，还获得冬奥会 1 银 1 铜。2012 年关颖珊先后入选美国花滑名人堂和世界花滑名人堂，她在花样滑冰运动上的传奇故事已经圆满结束，开始在更广阔的天地里表演人生之美。

荒川静香

荒川静香（1981 年 12 月 29 日～　　）是日本著名的花样滑冰选手，被日本人称作"冰上精灵"。她出生于日本东北部的宫城县，1987 年，刚刚五岁的时候，荒川静香被家人送进滑冰学校，当时她喜滑冰的动机很简单，能够穿着漂亮的外衣表演漂亮的动作。但很快，她对滑冰本身就产生浓厚的兴趣，并且将自己所有的空余时间都献给了滑冰训练。

荒川静香

八岁的时候，她已经能够轻松地完成具有相当难度的三周跳。不久，年轻的荒川静香开始在日本全国锦标赛上崭露头角，她五次夺得全国冠军，包括三次少年组和两次成年组。1998 年的长野，16 岁的荒川静香开始走入奥林匹克运动会的赛场，尽管年仅 16 岁，但日本上下都对她寄予厚望，日本天皇和皇太后亲临比赛现场观看她的比赛，但最终她只取得了第十三名的成绩。

在 2004 年的多特蒙德，她第一次成为世界冠军。2005 年她遭受了几乎结束她滑冰生涯的打击，但 2006 年，她仍然参加了都灵冬季奥运会。新的教练和节目编排带来了一个全新的充满活力的荒川静香。在短节目中，她名列第三。2 月 23 日，伴随着普契尼的《图兰朵》，她完成了长节目的表演，并获得 191.34 分，成功夺得金牌。她为日本，甚至于亚洲带来了第一枚奥运会花样滑冰金牌。

2004 年德国多特蒙德世锦赛上，荒川静香凭借高难的跳跃和优雅的艺术表现征服了所有观众和裁判首次登上世界冠军宝座。她也成为继伊藤绿和佐藤友香之后第三位获得世界冠军的日本花样滑冰运动员。2005 年莫斯科世锦赛上，荒川静香因伤病等多种原因发挥欠佳仅名列第九。此后伤病缠身心灰意冷的荒川静香曾一度打算挂靴，但在日本花样滑冰协会和好友的劝说下最终打消了去意。2005 年 11 月，荒川静香师从另一位俄罗斯教练莫洛佐夫，并在 2006 年的都灵冬奥会上，大胆地抛弃了使用近一个赛季的新节目并重新拾回 2004 年世锦赛夺冠时使用的经典节目《图兰朵》。最终，荒川静香凭借日臻成熟的技术和心理素质，充分发挥了自身水平，一举战胜夺冠热门俄罗斯名将斯鲁茨卡娅和美国选手萨莎·科恩夺冠，成就了自己滑冰生涯中的最高成就！

荒川静香在都灵冬奥会上不仅创造了日本花样滑冰的历史，也创造了亚洲花样滑冰的历史，成为首位夺得女子单人滑冬奥会金牌的亚洲选手。

荒川静香在横滨大酒店召开新闻发布会，宣布她将离开业余冰场，转入职业冰坛。

这位现年 24 岁的奥运冠军表示："参加职业表演能够带给我快乐。我想向人们展示花样滑冰的美轮美奂，这是我的梦想！"

闫涵

闫涵（1996年3月6日~　）出
生于中国黑龙江省哈尔滨市，是中国
花样滑冰男子单人滑运动员。2009年
10月，年仅13岁就获得他人生中的
第一个全国冠军荣誉称号。曾获得5
次青少年大奖赛分站赛冠军，2次青
少年大奖赛总决赛亚军。2012年1
月，他担任第一届冬季青年奥运会中
国代表团开幕式旗手，并获得男子单
人滑冠军。同年3月，获得2012年世
界青少年花样滑冰锦标赛男单冠军，
成为中国第一位世青赛单人滑冠军。
2013年2月，闫涵首次参加成年组比
赛，即获得四大洲花样滑冰锦标赛季
军，并且创造个人最好成绩。

闫涵

主要成绩如下：

2005年亚洲少年花样滑冰锦标赛亚军。

2005年全国青少年花样滑冰系列赛齐齐哈尔站男子乙组亚军。

2006年全国青少年花样滑冰系列赛哈尔滨站男子乙组冠军、黑龙
江省运动会花样滑冰男子单人滑男子乙组亚军、全国青少年花样滑冰系
列赛北京站男子甲组亚军。

2007年全国青少年花样滑冰系列赛长春站男子甲组冠军、全国花
样滑冰锦标赛第13名、全国青少年花样滑冰锦标赛男子青年组冠军、
全国花样滑冰大奖赛长春站男子青年组第4名。

2008年全国花样滑冰大奖赛北京站男子青年组冠军、第十一届全
国冬运会第10名、全国花样滑冰冠军赛第10名、全国花样滑冰青少年
精英赛亚军、全国花样滑冰大奖赛青少年组冠军、全国青少年花样滑冰

锦标赛男子青年组冠军。

2009 年全国花样滑冰锦标赛冠军、ISU 花样滑冰大奖赛青年组土耳其站冠军。

2010 年全国花样滑冰冠军赛第 4 名、ISU 花样滑冰大奖赛青年组奥地利站冠军、ISU 花样滑冰大奖赛青年组捷克站冠军、ISU 花样滑冰青年组大奖赛总决赛亚军、全国花样滑冰锦标赛冠军。

2011 年世界青少年花样滑冰锦标赛第 6 名、全国花样滑冰冠军赛第 4 名、亚洲花样滑冰锦标赛男子成年组冠军、全国花样滑冰锦标赛季军、ISU 花样滑冰大奖赛青年组奥地利站冠军、ISU 花样滑冰大奖赛青年组意大利站冠军、ISU 花样滑冰大奖赛青年组总决赛亚军。

2012 年第十二届全国冬运会表演自由滑冠军、短节目亚军、自由滑冠军、总分亚军、因斯布鲁克冬季青年奥林匹克运动会花样滑冰冠军、明斯克世界青少年花样滑冰锦标赛冠军（中国历史上第一位单人世青赛冠军）、全国花样滑冰冠军、全国花样滑冰大奖赛冠军、ISU 花样滑冰大奖赛青年组斯洛文尼亚站第 5 名、ISU 花样滑冰大奖赛青年组克罗地亚站亚军、全国花样滑冰锦标赛亚军。

2013 年四大洲花样滑冰锦标赛季军、全国花样滑冰冠军赛冠军。

申雪、赵宏博

赵宏博（1973 年 9 月 22 日～　）生于黑龙江省哈尔滨市，是中国花样滑冰队运动员。19 岁时与申雪成为搭档，进行双人滑的训练。

申雪（1978 年 11 月 13 日～　）同样生于黑龙江省哈尔滨市，13 岁开始接受滑冰训练，14 岁开始与赵宏博搭档双人花样滑冰。

1992 年，14 岁的申雪结束了女子单人滑的生涯，赵宏博 19 岁，他的前任搭档退役，经过教练姚滨的安排，二人第一次在冰上拉起了手，开始了一段漫长、艰苦，却又不断收获着成功与喜悦的人生。1994 年二人第一次参加世锦赛，虽然只拿到 21 名，但是对于当时中国双人花样滑冰的水平，已经可以说是不错的成绩。

1996 年加拿大埃德蒙顿的世界花样滑冰锦标赛上，申雪与赵宏博的表演表现出滑行速度快、动作难度高、冰上技术好等特点，配合着东方人特有的表演风格和气质，让在场的西方观众们倍感清新。两人结束了自由滑表演后，现场观众全场起立，送给二人长时间热烈的掌声。那次比赛二人最终获得了总分第 15 名，但他们却给人们留下了极其深刻的印象，同时也从观众的热情里收获到真诚的鼓励与对未来的信心。当时颇具专业眼光的法国花样滑冰协会主席伽吉亚曾预言申雪和赵宏博很快就会成为世界冠军！

申雪　赵宏博

　　申雪和赵宏博于 1998 年参加长野冬奥会，这是他们第一次踏上奥运征程，这届冬奥会也成为他们成功起跳的跳板。短节目和自由滑让他们拿到了第五名的好成绩，作为亚洲新人，二人能在欧美选手占据统治地位的双人滑项目取得这样的成绩已经非常不易，可以当作进身于世界双人滑顶尖选手的证明。

　　接下来在 1999 年、2000 年和 2001 年世锦赛上，申雪与赵宏博夺得了双人滑的两枚银牌和一枚铜牌，二人在技术上保持着稳定的进步，但他们那时也认识到自己的不足：相对于表演纯熟的欧美选手，申雪和赵宏博明显缺乏一种艺术表现力，这使他们的竞技生涯在一个较高的水平上止步不前。为了解决提高艺术表现力的问题，中国花样滑冰队专门为两人聘请了美国专家。

　　2001～2002 赛季，经过精心准备与训练，申雪和赵宏博表演了《图兰朵》，用现代体育的肢体技艺，诠释了一段发生在中国公主图兰朵与鞑靼王子间的动人爱情故事。2002 年，在盐湖城冬奥会上，申雪与赵宏博在双人滑节目中创造了在世界大赛上首次使用四周抛跳的历史，尽管他们动作失败，两人最终只获得了铜牌，但由于这是中国双人滑在冬奥会夺得的首枚奖牌，同样具有重要的意义。

盐湖城冬奥会结束后，二人开始调整训练的重点，努力实现从注重难度的技术型选手到难度、艺术表现力并重的全能选手转型。

在日本长野世锦赛中，对《图兰朵》的精彩演绎帮助他们夺得了个人运动生涯的第一个世界冠军。

申雪　赵宏博

2003 年花样滑冰世锦赛在美国华盛顿举行，申雪和赵宏博战胜了俄罗斯名将托特米安妮娜和马列宁，蝉联世锦赛冠军。

2005 年的 8 月，赵宏博在练习后外电冰三周跳的时候不幸跟腱断裂，这成为他们夺冠路上的最大的障碍。尽管如此，二人仍凭借自由滑《蝴蝶夫人》的优雅、出色表演帮助再次拿到了一枚奥运会铜牌。

2010 年 2 月，在温哥华冬奥会上，赵宏博和申雪以相对较高的年龄，终于登上了冬奥会的冠军奖台！这一枚金牌意义非凡，它既是对二人多年努力的最高奖赏，同时也是中国花样滑冰史上获得的首枚奥运会金牌！

主要成绩如下：

1998 年长野冬奥会双人滑第 5 名。

1999 年世锦赛双人滑亚军。

2000 年世锦赛双人滑亚军。

2000 年花样滑冰大奖赛总决赛冠军。

2001 年世锦赛双人滑第 3 名。

2001 年花样滑冰大奖赛总决赛第 3 名。

2002 年盐湖城冬奥会铜牌。

2002 年世锦赛双人滑冠军。

2002 年花样滑冰大奖赛总决赛亚军。

2003 年世锦赛双人滑冠军。

2004 年世锦赛双人滑亚军。

2004 年花样滑冰大奖赛冠军。

2004 年世界花样滑冰大奖赛总决赛双人滑冠军、加拿大站冠军、中国站冠军和俄罗斯站冠军。

2006 年都灵冬奥会双人滑季军。

2006 年世界花样滑冰大奖赛总决赛双人滑冠军。

2007 年长春冬亚会双人滑冠军。

2007 年第三次获得花样滑冰世界锦标赛冠军。

2009 年世界花样滑冰大奖赛中国站冠军、美国站冠军。

2009 年世界花样滑冰大奖赛总决赛冠军。

2010 年 2 月 15 日，申雪与赵宏博在温哥华冬奥会上以短节目 76.66 分的成绩刷新国际滑联短节目历史最高分。

2010 年 2 月 16 日，申雪与赵宏博在温哥华冬奥会上以总成绩 216.57 的历史最高分为中国花样滑冰获得历史上首枚奥运会金牌！

速度滑冰明星

王北星

王北星（1983 年 3 月 5 日~　）生于黑龙江省齐齐哈尔市，是我国近年来涌现出的极有天赋的速度滑冰选手，中国女子速度滑冰队队员。2010 年温哥华冬奥会女子速度滑冰 500 米季军。

1992 年，时年 7 岁的王北星参加小学运动会。在运动会中，她在中长跑的项目上取得了优异的成绩，王北星的表现被一位业余教练看中，向王北星的父母提出让孩子参加速滑队，王北星的父母和她本人都

王北星

欣然同意。

王北星就这样开始了速度滑冰的训练，日复一日的训练在很多人眼里看来都无比的枯燥，但在王北星看来滑冰却似乎有着无穷无尽的乐趣。王北星参加滑冰训练的时候恰逢中国速滑名将叶乔波的辉煌时期，那一年叶乔波在冬奥会上连夺两银，成为中国滑冰运动史乃至中国体育发展史上的英雄人物，王北星回忆说："叶乔波一直都是我的偶像，她身上有太多值得我学习的地方，看着她站在奥运会的领奖台上，我就下定决心，将来有一天，我一定要拿到世界冠军。"

1996年，王北星家搬到另一个城区，由于新的住址离短道速滑训练场更近，于是，爸爸妈妈让她改练就近的短道速滑。尽管王北星由速度滑冰改练短道速滑并没有太大的不适应，但她还是在心理上有了相当的抵触情绪。每次训练时，她总喜欢一个人去滑着外圈，而每次参加短道速滑比赛，她的成绩都非常糟糕。相反，如果队里派她去参加速度滑冰的比赛，她往往能取得优异的成绩。根据这种情况，在教练的建议之下，王北星重新回到速度滑冰的队伍——齐齐哈尔市青少年重点班中。

王北星两年的短道速滑训练虽然没有让她取得什么成绩，但短道的训练让她的弯道技术有了非常大的改进与提高。20世纪90年代时，中国速滑运动员装备与国际发达国家相比还有相当差距，还没有实现根据运动员的脚型配滑冰鞋，那时候冰鞋都是号码鞋，很多运动员包括北星的脚总会被磨得非常严重，跟腱甚至被磨得皮开肉绽，几乎能看到白色的筋膜。王北星回忆当时的痛苦，说每次穿上冰鞋都会有钻心的疼痛，每次训练回来，总要擦拭冰鞋上留下的鲜血。

在继叶乔波之后，中国的速度滑冰在相当一段时期内陷入低谷，在长野冬奥会和盐湖城冬奥会上都没有创造出好成绩。盐湖城冬奥会后，国家体育总局冬季运动管理中心速度滑冰部经过商议，决定派出了一批年轻选手，远赴加拿大卡尔加里进行学习与训练。王北星尽管在当时并不算特别优秀，但其认真刻苦的训练态度和潜在的滑冰天赋让她得到了去加拿大的机会。

在身边的队友来来回回地反复于加拿大与国内时，王北星选择了坚守，并且将并不出色的自己打造成为一名世界优秀级的运动员。

在加拿大的生活和训练并不顺利，以前在国内滑冰队里的种种便利在那里都没有了。王北星和队友们租住在一个很小的公寓里，买菜、做饭、打扫卫生，样样都要自己来。滑冰队的队员们在训练之前，先要学会独立的生活。她们轮班做饭，每周末集体大扫除，自己洗衣服和床单，慢慢的，一切都恢复了正常。

过了生活关，还有语言关，要想和外教顺畅地沟通，王北星努力地学习外语，在滑冰部为队员们安排的外教带领下，再加下自己的努力，王北星的外语水平在短期内有了很大的提高。

过了生活关和语言关，在国外教练的训练下，王北星经过五年多的刻苦训练，成绩有了明显的提高。

2010年2月16日，在温哥华冬奥会速度滑冰女子500米比赛中，王北星获得铜牌。

当时负责解说的退役速滑名将叶乔波担任电视转播解说嘉宾，她评价说："王北星今天正常发挥，唯一不尽如人意的地方就是她的杀气还不够。"

叶乔波认为王北星的技术非常好，并且还有充足的后劲，发展前景乐观。不足的是王北星性格内向、不健谈，这对于一个练习长距离的运动员来说或许是一件好事，但是对于短距离就不太好。她需要更多开放的心态与霸气。

王北星能取得良好的成绩，得自于其良好的身体素质和长期刻苦的科学训练，这些都注定了王北星将成为世界上最优秀的速滑选手之一。她身材高挑，但并不瘦弱，大腿粗壮有力，臀肌有着出色的爆发力，良好的身体条件再加上出色的身体协调性和控制能力，是必然能取得优异的比赛成绩的。

主要成绩如下：

2003 年全国速度滑冰单项锦标赛女子 500 米冠军。

2004～2005 赛季世界杯埃尔福特站女子 1000 米冠军。

2005 年速度滑冰世界杯密尔沃基站 500 米冠军。

2005 年速度滑冰世界单项锦标赛 500 米季军。

2005 年因策尔速度滑冰世界锦标赛 500 米亚军。

2005 年第十届全运会女子短距离全能亚军。

2005～2006 赛季世界杯盐湖城站女子 500 米冠军、亚军。

2005～2006 赛季世界杯密尔沃基站女子 500 米亚军、第三名。

2006 年都灵冬奥会 500 米第七名。

2006～2007 赛季世界杯海伦芬站女子 500 米冠军。

2006～2007 赛季世界杯柏林站女子 500 米第三名（两次）。

2006～2007 赛季世界杯哈尔滨站女子 500 米第三名（两次）。

2007 年盐湖城速度滑冰世界锦标赛 500 米亚军。

2007～2008 赛季世界杯盐湖城站女子 500 米冠军、1000 米冠军。

2007～2008 赛季世界杯卡尔加里站女子 500 米亚军。

2008 年长野速度滑冰世界锦标赛 500 米亚军。

2008 年柏林速度滑冰世界全能锦标赛第四名。

2008～2009 赛季世界杯柏林站 500 米第一场亚军、第二场冠军。

2008～2009 赛季海伦芬站 500 米第一场亚军、第二场亚军、1000 米第三名。

2008～2009 赛季盐湖城站 500 米冠军。

2008～2009 赛季世界短距离锦标赛 500 米第一场亚军、第二场亚军、1000 米第一场第三名、第二场亚军、总成绩冠军。

2008～2009 赛季世界单项锦标赛 500 米第一场冠军、第二场亚军、总成绩亚军。

2009 年短距离速滑世界锦标赛冠军。

2010 年温哥华冬奥会速度滑冰女子 500 米季军。

2011 年哈萨克斯坦亚冬会速度滑冰女子 500 米亚军。

2012 年第十二届全国冬季运动会速度滑冰女子 500 米第一次亚军。

2012 年加拿大速度滑冰短距离世锦赛女子组总成绩第七名。

2012～2013 赛季国际滑联速度滑冰世界杯德国埃尔福特站女子 500 米冠军。

安妮·弗雷辛格

安妮·弗雷辛格（1977 年 1 月 11 日～　）全名是安妮·弗雷辛格·珀斯特玛，是世界知名的女子速度滑冰运动员，她出生于德国的巴特赖兴哈尔，生于一个速滑世家，他的父母兄妹都是速滑选手，母亲是波兰速滑运动员，并曾于 1976 年代表波兰参加了当年的冬季奥运会。

安妮·弗雷辛格 8 岁开始学习速滑，17 岁就已经在世界锦标赛上露面了。1998 年赢得了自己的首枚成年组金牌，1999 年背部严重受伤休战一年，2000 年复出之后逐渐迈向了自己事业的颠峰。2001 年在受伤的情况下，她击败库切斯滕获得世界冠军。在 2001 年、2002 年和 2005 年的世界锦标赛上，安妮·弗雷辛格一共拿下了 8 个冠军。

弗雷辛格出道较早，17 岁就已经在世界锦标赛上露面了。在 1998 年 21 岁时即赢得了自己的第一枚成年组金牌，尽管少年得志，但随后弗雷辛格就为严重的背伤而不得不长期休养。2000 年复出之后弗雷辛格逐渐迈向了自己事业的巅峰。2001 年弗雷辛格击败克劳迪亚·库切斯滕获得世界冠军。

在 2002 年的盐湖城奥运会上，弗雷辛格在 3 个项目中都被认为极有希望获得冠军，不想却在 3000 米和 1000 米的比赛中接连失利。面对意想不到的结果弗雷辛格没有自怨自艾，而是重整斗志，鼓足勇气继续投入到女子 1500 米的比赛中，终于顺利拿下金牌。

弗雷辛格十多年的速度滑冰生涯中收获了不少奖牌，她夺得过四枚冬奥会奖牌（2002 年奥运会的 1500 米金牌、2006 年奥运会的团体追逐赛金牌、1998 年奥运会的 3000 米铜牌和 2006 年奥运会的 1000 米铜牌），并夺得三次世锦赛全能冠军和五次欧锦赛全能冠军。尽管弗雷辛格的强项是中长距离，但是她在 2007 年还收获了一枚短距离世锦赛的金牌，并成为历史上第五位全能和短距离单项双冠王。弗雷辛格曾经三次刷新 1500 米世界纪录，目前该纪录由加拿大名将克拉森保持。不过弗雷辛格至今仍然保持着 1 分 54 秒 2 的该项目奥运会纪录，这是她在 2002 年盐湖城冬奥会上创造的。作为德国女子速滑的领军人物，她被誉为"速滑皇后"。她的强项是女子 3000 米速滑，在这个项目上无人与其争锋。她是第四位同时拥有速滑世锦赛冠军、全能冠军和短距离世锦赛冠军头衔的女子选手。

主要成绩如下：

1998 年冬奥会 3000 米铜牌。

2002 年冬奥会 1500 米金牌。

2004 年长距离世锦赛 1000 米、1500 米冠军，3000 米亚军，短距离世锦赛亚军。

2005 年全能世锦赛冠军，长距离世锦赛 5000 米、团体追逐赛冠军，1000 米、1500 米亚军。

2006 年冬奥会团体追逐赛金牌，1000 米铜牌。

2007 年短距离世锦赛冠军，长距离世锦赛 1000 米亚军，全能世锦赛亚军。

短道速滑明星

阿波罗·安东·奥诺

阿波罗·安东·奥诺，1982 年 5 月 22 日生于美国西雅图。他 13 岁时开始练习滑冰，仅仅经过一年的训练，在 14 岁时即成为最年轻的全美短道速滑冠军，17 岁时又成为最年轻的世界杯冠军，1999 年获得世青赛冠军。阿波罗在 2000 至 2001 赛季包揽了世界杯所有距离项目的冠军和总成绩冠军。近年来，阿波罗成为短道速滑项目上唯一能与韩国、加拿大抗衡的美国选手。由于他的存在，形成了男子项目韩加美三足鼎立的局面。

阿波罗·安东·奥诺

阿波罗在1995年才开始从事短道速滑，相对于很多运动员来讲，13岁开始训练并不太早，但仅仅经过两年的训练，他就已经成为了美国最好的短道选手之一。14岁那年，在经过了威特兰德教练短短六个月的训练之后，他获得了第一个全美锦标赛的总冠军。在日本长野冬奥会之前，阿波罗在美国预选赛中失利，无缘1998年的冬奥会。

既然无缘参加长野冬奥会，阿波罗就全身心投入到2002年冬奥会的准备训练之中。经过长时间的刻苦训练，在2002年冬奥会之前，阿波罗已经在2000～2001赛季的比赛中跻身为世界上最优秀的短道运动员之一。

在2002年冬奥会上，阿波罗不负众望，夺得了1500米金牌和1000米银牌。而在1000米比赛中，阿波罗本来是有实力夺得冠军的，可是由于在最后一个弯道发生了碰撞，前四名选手全部摔出，包括当时位列第一的阿波罗。尽管摔倒，阿波罗却即刻起身继续奋力比赛，最终取得银牌的成绩。

2005年是阿波罗极为辉煌的一年，这一年他取得了所有世界杯6站赛的总冠军。并在世界锦标赛上夺得1000米、3000米金牌和接力赛的铜牌。由于当时韩国的安贤洙是多个项目最具实力的夺冠选手，而阿波罗成了安贤洙最大的克星，给韩国对手造成相当的紧张。

在2006年的都灵冬奥会上，阿波罗继续他的传奇，摘得500米金牌、1000米铜牌和接力铜牌。

当阿波罗取得500米冠军时，全场一片欢呼，那时带领美国速滑队的教练是中国的李琰，李琰在执教初期曾遇到相当的阻碍，但通过与队

员的努力沟通，最终带领美国速滑队取得了许多优异的成绩。获得冠军的阿波罗冲到冰场旁边，与自己的中国教练李琰紧紧地拥抱在一起，热烈的吻在李琰的额头，美国男孩用美国人特有的率真与热情，直接表达出自己对中国教练李琰的感谢与祝福。

在 2010 年温哥华冬奥会上，作为卫冕冠军的阿波罗在 500 米比赛的最后的弯道冲刺中与加拿大运动员发生碰撞，被裁判取消了第二名的成绩，未能收获奖牌。同一届冬奥会中，阿波罗在短道速滑男子 1500 米比赛中夺得了一枚银牌，在 1000 米的比赛中收获一枚铜牌，略能弥补卫冕失败的遗憾。温哥华冬奥会后，阿

阿波罗拥抱李琰

波罗选择了退役。在他的职业生涯中，这位美国的天才型短道速滑运动员在冬奥赛场上共获得 8 枚奖牌。

主要成绩如下：

2010 年温哥华冬奥会男子 1500 米亚军、1000 米与 5000 米接力季军。

2009～2010 赛季短道速滑世界杯加拿大站男子 500 米亚军、美国站男子 1000 米冠军、1500 米亚军、5000 米接力亚军成员。

2009 年短道速滑世锦赛男子 1000 米亚军、团体世锦赛季军成员。

2008～2009 赛季短道速滑世界杯美国站男子 1500 米季军、加拿大站男子 5000 米接力冠军、中国站男子接力冠军。

2008 年单项世锦赛单项赛 500 米冠军、1000 米亚军、3000 米季军、团体世锦赛冠军。

2007 年单项世锦赛 1500 米冠军。

2006 年冬奥会 500 米冠军、1000 米季军。

2003 年世锦赛全能第四名、3000 米亚军。

2002 年冬奥会 1500 米冠军、1000 米亚军。

2001 年世锦赛全能亚军、1000 米亚军、3000 米冠军、5000 米接力冠军。

2000 年世锦赛全能第九名。

1999 年世锦赛全能第四名、500 米亚军。

范可新

范可新（1993 年 9 月 19 日 ~ ）出生于中国黑龙江省七台河市，是中国女子短道速滑队运动员。七台河市先后为国家队输送了多位日后获得世界冠军的运动员，杨扬、王濛、刘秋宏、孙琳琳、张杰、王伟等，成为中国女子短道速滑队重要的运动员选拔地。范可新也是从这里走到了世界冠军的领奖台上。

范可新

像很多出身贫寒的运动员一样，范可新的父母靠修鞋、配钥匙等小生意为生，而全家人住的房子只有十几个平方米。俗话说穷人的孩子早当家，范可新从小就非常懂事。父母对范可新寄予希望，于是送她去学习舞蹈，可是学到了 7 岁，就再也没有多余的钱交学费了，邻居家阿姨告诉她的母亲说市滑冰队在招生，于是小小的可新去参加面试，并被教练马庆忠相中。

马教练向小可新承诺如果练得好就免收她的学费。为了免交学费，范可新非常懂事地刻苦训练，母亲也给她许多的鼓励与鞭策。在训练场上，范可新对自己要求非常严格，给自己定的任务是每天比别的孩子多滑三十圈，并且持之以恒，从不间断。无论是生活还是训练，范可新的独立和坚强都给教练和队友留下深刻的印象。

范可新的天赋与刻苦的训练让她很快脱颖而出。由于在世青赛和国内赛事的优异表现，年仅 17 岁的她被中国女子短道速滑队的主教练李琰招入了国家队，在国家队，有了更好的训练条件和更先进的训练方法，范可新如鱼得水，成绩突飞猛进。

2011 年在英国谢菲尔德举行的世界短道速滑锦标赛上，年仅 17 岁的黑龙江小将范可新在女子 500 米决赛中一鸣惊人夺得冠军。范可新从入选国家队到成为世锦赛冠军仅仅用了不到 5 个月的时间，这种情况在世界短道速滑的历史上并不常见。

在那次世锦赛中，范可新虽然年少，却少年老成，滑行风格充满了霸气，却又不乏灵性，从资格赛起，预赛、1/4 决赛、半决赛、决赛五枪全部获得第一，稳定性极好。范可新不仅一战成名，同时也助中国队实现了世锦赛该项目的四连冠，这也是中国短道速滑队近 11 年中第 10 次问鼎。范可新已经成长为中国队不可多得的优秀短道速滑运动员，由于年纪尚轻，天赋极好，加之训练刻苦，被许多人看好，认为她还将发挥出更大的潜力。

主要成绩如下：

2009 年全国青少年短道速滑锦标赛暨十一运会短道速滑测试赛青年组女子 500 米亚军，青年组女子 1500 米第五名。

2009 年全国短道速滑联赛哈尔滨站女子 500 米冠军（年仅 16 岁）。

2010 年短道速滑世界青少年锦标赛女子 500 米亚军、全能第五、3000 米接力亚军成员。

2010～2011 赛季国际滑联短道速滑世界杯蒙特利尔站女子 3000 米接力冠军成员。

2010～2011 赛季国际滑联短道速滑世界杯魁北克站女子 3000 米接力冠军成员，500 米季军。

2010～2011 赛季国际滑联短道速滑世界杯长春站女子 500 米季军。

2011 年哈萨克斯坦亚洲冬季运动会女子 500 米亚军，女子 3000 米接力冠军成员。

2010～2011 赛季国际滑联短道速滑世界杯莫斯科站女子 3000 米接

力冠军成员。

2011 年英国短道速滑世锦赛女子 500 米冠军、女子 3000 米接力冠军成员、女子个人全能第四名。

2011～2012 赛季国际滑联短道速滑世界杯加拿大站 500 米第四名。

2011～2012 赛季世界杯加拿大站女子 3000 米接力冠军。

2011～2012 赛季世界杯上海站站女子 3000 米接力冠军。

2011～2012 赛季世界杯上海站站女子 500 米冠军。

2012 年第十二届全国冬季运动会短道速滑女子 500 米冠军、3000 米第 7 名。

2011～2012 赛季短道速滑世界杯俄罗斯莫斯科站女子 500 米。

2011～2012 赛季短道速滑世界杯俄罗斯站女子 500 米冠军。

2011～2012 赛季短道速滑世界杯莫斯科站女子 3000 米接力冠军。

2011～2012 赛季短道速滑世界杯荷兰站女子 1500 米季军。

2011～2012 赛季上海世界短道速滑锦标赛女子 500 米冠军。

2011～2012 赛季上海世界短道速滑锦标赛女子 3000 米接力冠军。

梁文豪

梁文豪（1992 年 7 月 6 日～　）生于中国辽宁省抚顺市，中国男子短道速滑队运动员。2010 年 1 月，首都体育馆举行全国短道速滑冠军联赛北京站的比赛，在那届比赛中，年仅 17 岁的小将梁文豪成了当中最为闪耀的一颗新星。他一人独得七圈追逐赛，500 米和 1000 米的三项冠军。也是凭借这次比赛的出色发挥，梁文豪最终入选温哥华奥运阵容，成为此次出征中国短道队最年轻的选手。

据梁文豪的父亲回忆，在梁文豪

梁文豪

7 岁半时，他带着文豪去商场玩，正好有个教练教排轮，于是父亲就把他带过去试了试。别的小孩穿上冰鞋后都站不起来，但没想到文豪一下就能站起来。就这样，梁文豪开始了单排轮滑的训练。

梁文豪在单排轮滑上进步很快，刚刚学了不到 5 个月，轮滑的教练就承认他已经没有更多的东西再教给他，请文豪的父亲为他更换教练，于是爸爸将文豪送到了抚顺当地的一个业余教练那里，文豪开始了冰上训练。

抚顺没有正规的冰场，冬天的时候，孩子们就在大河上训练。而父亲陪着小小的文豪参加了每次的训练。到小学四年级的时候，文豪参加了不少辽宁省的业余少儿比赛，基本上都能拿第一。

文豪的父亲不仅支持文豪的训练，而且为他的训练出谋划策。在抚顺的时候，由于没有短道项目，梁文豪滑的都是大道。父亲考虑到孩子身材较小，更适合短道的训练，便筹划着想将孩子送去练短道。

2003 年 7 月 13 日，梁文豪在爸爸的陪同下，远赴长春开始了短道的训练。他一边在长春的平泉路小学进行文化课的学习，一边在业余体校学习专业的短道滑冰。为了让儿子有个更好的训练和学习环境，梁文豪的爸爸妈妈先后搬到长春定居。

到了 2005 年，长春市请来了韩国名帅金善台来队中执教。也是在当年的一次全国小学生短道比赛中，金善台教练发现了梁文豪。

尽管那次比赛文豪并没有拿到第一，但独具慧眼的教练还是发现了文豪身上的良好素质与天赋。比赛结束后，韩国教练即刻找到了梁文豪的妈妈，提出要把孩子招到自己队中去训练。

在韩国教练的指导下，梁文豪进步迅速，一年以后，梁文豪在大赛上的成绩开始引起人们的关注。2006 年，14 岁的梁文豪首次参加成年组的比赛，在头一年的全国联赛中就闯进决赛拿到了一个第四。

2007 年，梁文豪与队友在训练的时候发生碰撞摔倒，文豪被队友的冰刀划到下巴，缝了 30 多针，留下一条明显的伤疤。受伤的经历加上教练的更换让梁文豪的状态极为低迷。2008 年秋天开始的全国冠军联赛，他连达标赛都未能通过。这时候又是父亲给了他宽慰与支持，鼓励他继续努力。

在 2009 年 3 月的全国青少赛上，文豪终于爆发，一个人拿到 500 米、1000 米和 1500 米三个冠军，随后 5 月份，中国国家短道队开始新一轮集训，备战来年的温哥华冬奥会，梁文豪顺利入选。

2009 年 9 月，在 2009～2010 赛季国际滑联短道速滑世界杯中国站的比赛在北京首都体育馆举行，这是温哥华奥运年中的世界杯揭幕战，也是梁文豪首次参加世界杯成人组的争夺。

那次比赛，梁文豪在 500 米比赛中滑入第二轮，虽然复赛中只取得了小级第三的成绩，但主教练李琰赛后对于文豪的首次参加大赛的表现表示肯定，这对梁文豪是一种莫大的鼓励。

在接下来的韩国站中，梁文豪和队友韩佳良、宋伟龙以及刘显伟一起闯入男子 5000 米接力的决赛，并在决赛中摘得铜牌。这也是文豪的首枚世界杯奖牌。

在世界杯最后一站美国站的比赛中，梁文豪在男子 500 米个人赛中闯入决赛，虽然因犯规无缘奖牌，但其 40 秒 815 的成绩已经超过了现在的全国纪录，显示出他的巨大实力。

从美国回来后，中国短道队在北京进行了长达一个多月的封闭集训，在这段时间内，梁文豪的进步愈加明显。奥运出征前的最后一站比赛，全国冠军联赛北京站，在全国所有顶尖高手汇集的情况下，梁文豪一人独得 500 米、1000 米和七圈追逐赛的三项桂冠。

2010 年短道世锦赛男子 500 米决赛中，梁文豪尾随着加拿大的小哈姆林排在第二位，在就要出弯道的时候，梁文豪果断地提速从外道超越对手。应该说这一战术有着相当的危险，如果外道超越不成功，梁文豪几乎要奖牌不保，但他成功了，他以 41 秒 383 获得冠军，这一成绩也帮助中国男队在时隔 6 年再次拿到世锦赛金牌。

主要成绩如下：

2009 年奥地利世锦赛 5000 米接力亚军。

2009～2010 赛季国际滑联短道速滑世界杯首尔站男子 5000 米接力季军。

2009～2010赛季国际滑联短道速滑世界杯总决赛男子5000米接力季军。

2010年温哥华冬奥会短道速滑男子1500米第六名。

2010年温哥华冬奥会短道速滑男子5000米接力第四名。

2010年保加利亚短道速滑世界锦标赛男子500米冠军。

2010年保加利亚短道速滑世锦赛男子个人全能季军。

2010年保加利亚短道速滑世锦赛5000米接力第四名。

2010年保加利亚短道速滑世锦赛1000米第四名。

2010～2011赛季国际滑联短道速滑世界杯加拿大蒙特利尔站男子500米季军。

2010～2011赛季国际滑联短道速滑世界杯加拿大魁北克站男子500米亚军。

2010～2011赛季国际滑联短道速滑世界杯加拿大魁北克站男子5000米接力第四名。

2010～2011赛季国际滑联短道速滑世界杯长春站男子5000米接力第四名。

2010～2011赛季国际滑联短道速滑世界杯上海站男子5000米接力第四名。

2011年哈萨克斯坦亚冬会男子500米冠军。

2010～2011赛季国际滑联短道速滑世界杯俄罗斯莫斯科站男子1000米（第1次）季军。

2010～2011赛季国际滑联短道速滑世界杯德国德累斯顿站男子500米（第2次）亚军。

2011年英国谢菲尔德短道速滑世界锦标赛男子500米季军。

2011年英国谢菲尔德短道速滑世界锦标赛男子1000米季军。

2011年英国谢菲尔德短道速滑世界锦标赛男子超级3000米亚军。

2011年英国谢菲尔德短道速滑世界锦标赛男子个人全能季军。

2011年波兰华沙世界短道速滑团体锦标赛男子组团体亚军。

2011～2012赛季短道速滑世界杯加拿大站男子500米季军。

2012 年第十二届全国冬季运动会短道速滑 1500 米冠军。

2012 年第十二届全国冬季运动会短道速滑 500 米冠军。

2012 年第十二届全国冬季运动会短道速滑 1000 米亚军。

2012 年第十二届全国冬季运动会短道速滑 3000 米冠军。

2012 年第十二届全国冬季运动会短道速滑 5000 米接力冠军。

2012 年第十二届全国冬季运动会短道速滑男子全能冠军。

2011～2012 赛季短道速滑世界杯俄罗斯站男子 1000 米季军。

2011～2012 赛季短道速滑世界杯俄罗斯站男子 5000 米接力冠军。

2012～2013 赛季国际滑联短道速滑世界杯加拿大蒙特利尔站男子 500 米（第 1 次）冠军。

2012～2013 赛季国际滑联短道速滑世界杯加拿大蒙特利尔站男子 5000 米接力亚军。

2012～2013 赛季国际滑联短道速滑世界杯日本名古屋站男子 3000 米接力季军。

2012～2013 赛季国际滑联短道速滑世界杯中国上海站男子 1000 米（第 1 次）亚军。

2012～2013 赛季短道速滑世界杯德国德累斯顿站男子 1000 米冠军。

2012～2013 赛季短道速滑世界杯德国德累斯顿站男子 500 米的决赛冠军。

周洋

周洋（1991 年 6 月 9 日～　）生于中国吉林省长春市，中国女子短道速滑队运动员，在 1500 米项目上具有强大实力，多次夺得世界杯分站赛的冠军，在温哥华冬奥会上以一敌七夺得短道速滑女子 1500 米金牌，成为中国最年轻的冬奥会冠军，周洋夺冠后接受电视记者采访时说："我觉得拿了金牌以后可能会改变很多，首先肯定会让自己更有信心，也可以让我爸我妈生活得更好一点。"周洋这一番话真诚而质朴，令电视机前的观众为之动容。

周洋的家位于长春市一个有 20 多年历史的小区内，居住环境十分

周洋

简陋。周洋的父亲周继文和母亲王淑英腿有残疾，都没有稳定的工作，家庭收入基本靠夫妻俩给别人打短工。家里最困难的时候，周继文就拎个冰糕箱子，在周围的小区和学校里卖冰糕，一天也赚不了几个钱。所以，周洋从小参加滑冰训练，却总是穿别人的旧鞋，常常磨出水泡。为了供周洋继续滑冰，周洋父母亲开设了一个彩票投注站，总算是可以把家庭生活维持下去。

虽然家里贫穷，但对女儿周洋，周继文夫妇却倾注了全部的关爱与支持，周洋8岁时便在学校的女子800米比赛中脱颖而出，随后被叶乔波的启蒙教练崔顺子相中，开始练习速度滑冰，几个月后改短道速滑，从此在这一项目上进行了长年训练。

冰雪项目的训练十分艰苦，周洋也有感到苦和累的时候，14岁时，韩国教练曾对她说："累的时候，想想父母你就能挺下来。"于是，每当感觉熬不下去的时候，周洋的脑海中，就会浮现出父母的艰辛与对她的关爱。通过比赛改变生活，这成了周洋的巨大动力，也让她成为队里年纪最小、练得最苦的队员。

周洋15岁时入选国家队，国家队的训练最大限度地发挥出周洋的天赋，在长距离项目上的成绩突飞猛进。

2010年在温哥华冬奥会短道速滑女子1500米项目中，周洋成为唯一进入决赛的中国选手，当时在赛道上云集了8位国际高手，这在历届冬奥会和世界杯等比赛中都非常罕见。周洋不仅要承受巨大的心理压力，在比赛中还受到美国选手凯瑟琳的干扰，但是周洋保持住了冷静，她奋力出击，以传奇般的力量与霸气，战胜了包括三名韩国选手在内的多国对手，并以2分16秒993刷新奥运会记录，为中国队夺得在本届冬奥会的第三枚金牌，这也是中国历史上第一次在一届冬奥会中夺得三枚金牌。同时，周洋的夺冠打破了韩国选手连续两届的夺冠，成为中国短道历史上首位短道速滑 1500 米冬奥金牌得主，也以 18 岁的成绩成为了中国最年轻的冬奥会冠军。

主要成绩如下：

2007 年长春亚冬会短道速滑女子 1000 米第 4 名。

2007 年长春亚冬会短道速滑女子 3000 米接力冠军。

2006～2007 赛季全国短道速度滑冰联赛长春站女子 1000 米冠军。

2006 年短道速滑世青赛女子超级 1500 米冠军、女子 1000 米季军、女子 3000 米接力金牌。

2007～2008 赛季国际滑联短道速滑世界杯意大利站女子 3000 米接力冠军。

2007～2008 赛季国际滑联短道速滑世界杯加拿大站女子 1000 米冠军、女子 3000 米接力冠军。

2007～2008 赛季国际滑联短道速滑世界杯荷兰站女子 1500 米季军、女子 3000 米接力冠军。

2007～2008 赛季国际滑联短道速滑世界杯日本站女子 3000 米接力冠军成员。

2007～2008 赛季国际滑联短道速滑世界杯哈尔滨站女子 3000 米接力冠军。

2008 年国际滑联短道速滑世锦赛单项赛女子 3000 米接力冠军、500 米第四名、1000 米亚军、3000 米接力季军（女子超级 3000 米第一）及女子全能亚军。

2009 年第 24 届世界大学生冬运会短道速滑女子 1500 米冠军。

2009 年世界短道速滑世锦赛单项赛女子超级 3000 米第一、3000 米接力金牌、以及全能季军。

2009 年世界短道速滑世锦赛团体赛冠军成员。

2010 年温哥华冬奥会短道速滑 500 米第五名。

2010 年温哥华冬奥会短道速滑女子 3000 米接力冠军。

2010 年温哥华冬奥会短道速滑女子 1500 米冠军。

2010～2011 赛季短道速滑世界杯 1500 米亚军。

2010～2011 赛季加拿大蒙特利尔短道速滑世界杯赛女子 3000 米接力金牌。

2010～2011 赛季短道速滑世界杯加拿大魁北克站女子 3000 米接力冠军。

2010～2011 赛季短道速滑世界杯加拿大魁北克站女子 1500 米冠军。

2010～2011 赛季短道速滑世界杯加拿大魁北克站女子 1000 米冠军。

2010～2011 赛季短道速滑世界杯中国长春站女子 3000 米接力亚军。

2010～2011 赛季短道速滑世界杯中国长春站女子 1000 米第三名。

2011 年哈萨克斯坦亚冬会短道速滑女子 3000 米接力冠军。

花样滑冰明星

布莱恩·茹贝尔

布莱恩·茹贝尔（1984 年 9 月 20 日～　　）出生于法国，他身高 1.79 米，体重 75 公斤，是世界著名的花样滑冰选手。在世界各国的花样滑冰选手当中，茹贝尔是一位论技术、论形象都数一数二的运动员，在法国国内锦标赛、欧洲锦标赛乃至世界锦标赛上，茹贝尔几乎每次都能收获奖牌。

受两个姐姐的影响，茹贝尔四岁就开始滑冰，开始时茹贝尔想去打冰球，但是他的母亲为他报了滑冰训练班，茹贝尔很快便爱上了花样滑冰。

2002 年，17 岁的茹贝尔首次参加国际比赛——欧锦赛就获得了一枚铜牌，同一年茹贝尔还参加了奥运会和世锦赛，虽然在这两项赛事中他并没有取得突出的成绩，仅仅各取得第 14 名和 13 名，但这并不妨碍茹贝尔的成长，他已经崭露头角，从那一年起，这个俊秀的花滑选手就始终为花样滑冰界的选手和观众所关注。

2004 年年末到 2006 年年初，茹贝尔经历了他职业生涯的低谷，但他在低谷之中孜孜以求，刻苦训练，不断取得进步。

在 2006～2007 赛季中，茹贝尔大获丰收，他以稳定的发挥接连夺花滑大奖赛总决赛、欧锦赛和世锦赛三项桂冠，一时名声大噪。

布莱恩·茹贝尔

有人说茹贝尔拥有一张能迷倒无数女性的相貌，有人说他很像 30 年前让无数影迷心动的法国电影明星阿兰德龙，还有人说他像美国著名影星汤姆·克鲁斯。无论茹贝尔像谁，真正让他被人们记住和赞叹的，是他在冰场上出神入化的技术和梦幻般的表演，他让全世界的花样滑冰爱好者们欣赏到的这一运动的魅力。

主要成绩如下：

2002 年欧洲花样滑冰锦标赛季军。

2002 年盐湖城冬奥会第十四名。

2002 年世界花样滑冰大奖赛美国站冠军。

2003 年法国花样滑冰锦标赛冠军。

2003 年欧洲花样滑冰锦标赛亚军。

2003 年世界花样滑冰大奖赛中国站亚军。

2004 年世界花样滑冰大奖赛美国站冠军。

2004 年世界花样滑冰大奖赛法国站亚军。

2004 年法国花样滑冰锦标赛冠军。

2004 年欧洲花样滑冰锦标赛冠军。

2004 年世界花样滑冰锦标赛亚军。

2005 年世界花样滑冰锦标赛第六名。

2005 年世界花样滑冰大奖赛美国站季军。

2005 年世界花样滑冰大奖赛法国站亚军。

2006 年都灵冬奥会第六名。

2006 年世界花样滑冰锦标赛亚军。

2006 年世界花样滑冰大奖赛法国站冠军。

2006 年世界花样滑冰大奖赛俄罗斯站冠军。

2006 年世界花样滑冰大奖赛总决赛冠军。

2007 年欧洲花样滑冰锦标赛冠军。

2007 年世界花样滑冰锦标赛冠军。

2007 年法国花样滑冰锦标赛冠军。

2007 年世界花样滑冰大奖赛加拿大站冠军。

2007 年法国花样滑冰精英赛冠军。

2008 年欧洲花样滑冰锦标赛季军。

2008 年世界花样滑冰锦标赛亚军。

2008 年世界花样滑冰大奖赛俄罗斯站冠军。

2009 年欧洲花样滑冰锦标赛冠军。

2009 年世界花样滑冰锦标赛季军。

2009 年欧洲花样滑冰锦标赛季军。

2010 年世界花样滑冰锦标赛季军。

2011 年法国花样滑冰锦标赛冠军。

2011 年欧洲花样滑冰锦标赛亚军。

PART 12 历史档案

速度滑冰成绩纪录

速度滑冰世界纪录

男子纪录

项目	创造人	国籍	纪录成绩	创造时间	创造地点
500 米	杰里米·韦思普恩	加拿大	34.03	2007 年 11 月 9 日	美国盐湖城
2×500 米	杰里米·韦思普恩	加拿大	68.31	2008 年 3 月 15 日	加拿大卡加利
1000 米	山尼·戴维斯	美国	1:06.42	2009 年 3 月 7 日	美国盐湖城
1500 米	山尼·戴维斯	美国	1:41.04	2009 年 12 月 11 日	美国盐湖城
3000 米	艾斯基·厄维克	挪威	3:53.34	2005 年 11 月 5 日	加拿大卡加利
5000 米	思文·克拉默	荷兰	6:03.32	2007 年 11 月 17 日	加拿大卡加利
10000 米	思文·克拉默	荷兰	12:41.69	2007 年 3 月 10 日	美国盐湖城
团体追逐赛（八圈）	思文·克拉默 卡尔·维尔赫扬 埃·文内马斯	荷兰	3:37.80	2007 年 3 月 11 日	美国盐湖城

女子纪录

项目	创造人	国籍	纪录成绩	创造时间	创造地点
500 米	珍妮·沃尔夫	德国	37.00	2009 年 12 月 11 日	美国盐湖城
2×500 米	珍妮·沃尔夫	德国	74.42	2007 年 3 月 10 日	美国盐湖城
1000 米	辛迪·克拉森	加拿大	1:13.11	2006 年 3 月 25 日	加拿大卡加利

项目	创造人	国籍	纪录成绩	创造时间	创造地点
1500 米	辛迪·克拉森	加拿大	1∶51.79	2005 年 11 月 20 日	美国盐湖城
3000 米	辛迪·克拉森	加拿大	3∶53.34	2006 年 3 月 18 日	加拿大卡加利
5000 米	玛蒂娜·萨布利科娃	捷克	6∶45.61	2007 年 3 月 11 日	美国盐湖城
团体追逐赛（6 圈）	克里斯蒂娜·格罗弗斯 克里斯蒂安·奈斯比特 布里塔妮·舒斯勒	加拿大	2∶55.79	2009 年 12 月 6 日	加拿大卡加利

奥运会纪录

男子纪录

项目	创造人	国籍	纪录成绩	创造时间	创造地点
500 米	卡西·菲茨兰多尔夫	美国	34.42	2002 年 2 月 11 日	美国盐湖城
2×500 米	卡西·菲茨兰多尔夫	美国	69.23	2002 年 2 月 12 日	美国盐湖城
1000 米	范维尔德	荷兰	1∶07.18	2002 年 2 月 16 日	美国盐湖城
1500 米	德雷克·帕拉	美国	1∶43.95	2002 年 2 月 19 日	美国盐湖城
5000 米	思文·克拉默	荷兰	6∶14.60	2010 年 2 月 13 日	加拿大温哥华
10000 米	李承勋	韩国	12∶58.55	2010 年 2 月 23 日	加拿大温哥华
团体追逐赛（8 圈）	简·布洛克惠吉森 思文·克拉默 马克·图伊特	荷兰	3∶39.95	2010 年 2 月 27 日	加拿大温哥华

女子纪录

项目	创造人	国籍	纪录成绩	创造时间	创造地点
500 米	卡特里奥娜·勒梅·多恩	加拿大	37.30	2002 年 2 月 13 日	美国盐湖城
2500 米	卡特里奥娜·勒梅·多恩	加拿大	74.75	2002 年 2 月 14 日	美国盐湖城
1000 米	克里斯·维蒂	美国	1∶13.83	2002 年 2 月 17 日	美国盐湖城
1500 米	波斯特玛·安娜	德国	1∶54.02	2002 年 2 月 20 日	美国盐湖城
3000 米	克劳迪娅·佩希施泰因	德国	3∶57.70	2002 年 2 月 10 日	美国盐湖城
5000 米	克劳迪娅·佩希施泰因	德国	6∶46.91	2002 年 2 月 23 日	美国盐湖城
团体追逐赛（6 圈）	克里斯蒂娜·格罗弗斯 克里斯蒂安·奈斯比特 辛迪·克拉森	加拿大	3∶01.24	2006 年 2 月 15 日	意大利都灵

速度滑冰全国纪录（截至 2012 年 2 月）

1. 成年男子组全国纪录

项目	成绩	创造者	比赛名称	日期	地点
500 米	34.37	于凤桐	世界杯赛	2009 年 3 月 6 日	盐湖城
1000 米	1：09.09	于凤桐	世界短距离锦标赛	2005 年 1 月 23 日	盐湖城
1500 米	1：45.74	高雪峰	世界杯赛	2007 年 3 月 4 日	卡尔加里
3000 米	3：46.97	高雪峰	测验赛	2006 年 9 月 30 日	卡尔加里
5000 米	6：26.68	高雪峰	测验赛	2006 年 10 月 22 日	卡尔加里
10000 米	13：41.15	宋兴宇	世界杯赛	2008 年 11 月 23 日	莫斯科
短距离全能	139.850 分	于凤桐	世界短距离锦标赛	2005 年 1 月 22 ~ 23 日	盐湖城
全能	156.393 分	孙龙将	第十二届全国冬季运动会	2012 年 1 月 5 ~ 6 日	长春

2. 成年女子组全国纪录

项目	成绩	创造者	比赛名称	日期	地点
500 米	36.94	于静	世界短距离锦标赛	2012 年 1 月 29 日	卡尔加里
1000 米	1：13.47	于静	世界短距离锦标赛	2012 年 1 月 29 日	卡尔加里
1500 米	1：54.35	王霏	世界杯赛	2007 年 3 月 3 日	卡尔加里
3000 米	4：01.98	王霏	世界杯赛	2007 年 3 月 4 日	卡尔加里
5000 米	7：06.44	王霏	卡尔加里邀请赛	2006 年 10 月 22 日	卡尔加里
短距离全能	148.610 分	于静	世界短距离锦标赛	2012 年 1 月 29 日	卡尔加里
全能	162.081 分	王霏	世界全能锦标赛	2006 年 3 月 19 日	卡尔加里

3. 青少年男子组全国纪录

项目	成绩	创造者	比赛名称	日期	地点
500 米	35.07	于凤桐	世界杯总决赛	2004 年 2 月 27 日	荷兰霍里温
1000 米	1：10.30	于凤桐	世界杯赛	2003 年 12 月 12 日	盐湖城
1500 米	1：48.01	孙龙将	世界杯赛	2009 年 12 月 11 日	盐湖城
3000 米	3：52.39	杨帆	青年世界杯赛	2011 年 11 月 12 日	埃尔福特
5000 米	6：30.70	孙龙将	世界杯赛	2009 年 12 月 5 日	卡尔加里
小全能	155.287 分	宋兴宇	世界青年锦标赛	2008 年 2 月 22 ~ 23 日	长春

4. 青少年女孩组全国纪录

项目	成绩	创造者	比赛名称	日期	地点
500 米	38.12	张爽	世界杯赛	2005 年 11 月 20 日	盐湖城
1000 米	1：16.46	张爽	世界杯赛	2005 年 11 月 19 日	盐湖城
1500 米	1：59.38	宋丽	世界单项锦标赛	2000 年 3 月 5 日	荷兰霍里温
3000 米	4：10.30	宋丽	世界杯赛	2000 年 1 月 30 日	卡尔加里
5000 米	7：20.38	付春艳	世界大学生冬季运动会	2009 年 2 月 24 日	哈尔滨
小全能	165.481 分	徐金金	世界青年锦标赛	2006 年 3 月 10 ~ 12 日	埃尔福特

短道速滑成绩纪录

1995 年世界短道速滑锦标赛（地点：挪威约维克）

项目	冠军	亚军	季军
男子全能	蔡智熏（韩国）	马克·加侬（加）	布莱克本（加） 宋在根（韩）
500 米	蔡智熏（韩国）	维耶尔曼（意大利）	卡尼诺（意大利）
1000 米	马克·加侬（加拿大）	布莱克本（加拿大）	卡尼诺（意大利）
1500 米	蔡智熏（韩国）	弗莱姆（美国）	李准镐（韩国）
3000 米	蔡智熏（韩国）	宋在根（韩国）	布莱克本（加拿大）
男子接力	加拿大队	意大利队	日本队
女子全能	全利卿（韩国）	王春露（中国）	金润美（韩国）
500 米	王春露（中国）	查雷斯特（加拿大）	金润美（韩国）
1000 米	王春露（中国）	全利卿（韩国）	金昭希（韩国）
1500 米	全利卿（韩国）	金昭希（韩国）	王春露（中国）
3000 米	全利卿（韩国）	金润美（韩国）	拉达诺娃（保加利亚）
女子接力	中国队	韩国队	加拿大队

1996 年世界短道速滑锦标赛 （地点：荷兰海牙）

项目	冠军	亚军	季军
男子全能	马克·加侬（加拿大）	蔡智熏（韩）	李佳军（中） 法戈内（意） 维耶尔曼（意）
500 米	法戈内（意大利）	维耶尔曼（意大利）	布莱克本（加拿大）
1000 米	李佳军（中国）	马克·加侬（加拿大）	蔡智熏（韩国）
1500 米	马克·加侬（加拿大）	古奇（英国）	蔡智熏（韩国）
3000 米	蔡智熏（韩国）	马克·加侬（加拿大）	维耶尔曼（意大利）
男子接力	意大利队	加拿大队	韩国队
女子全能	全利卿（韩国）	原慧卿（韩国）	坎克里尼（意） 查雷斯特（加）
500 米	查雷斯特（加拿大）	佩罗（加拿大）	坎克里尼（意大利）
1000 米	坎克里尼（意大利）	全利卿（韩国）	查雷斯特（加拿大）
1500 米	全利卿（韩国）	原慧卿（韩国）	孙丹丹（中国）
3000 米	原慧卿（韩国）	全利卿（韩国）	孙丹丹（中国）
女子接力	意大利队	中国队	美国队

1997 年世界短道速滑锦标赛 （地点：日本长野）

项目	冠军	亚军	季军
男子全能	金东圣（韩国）	马克·加侬（加拿大）	坎贝尔（加） 寺尾悟（日）
500 米	坎贝尔（加拿大）	金东圣（韩国）	寺尾悟（日本）
1000 米	金东圣（韩国）	李俊焕（韩国）	冯凯（中国）
1500 米	马克·加侬（加拿大）	法戈内（意大利）	维耶尔曼（意大利）
3000 米	金东圣（韩国）	寺尾悟（日本）	马克·加侬（加拿大）
男子接力	韩国队	加拿大队	意大利队
女子全能	全利卿（韩国）	杨扬（中国）	原慧卿（韩国）
500 米	杨扬（中国）	查雷斯特（加拿大）	坎克里尼（意大利）
1000 米	杨扬（中国）	原慧卿（韩国）	全利卿（韩国）
1500 米	全利卿（韩国）	原慧卿（韩国）	杨阳（中国）
3000 米	全利卿（韩国）	原慧卿（韩国）	杨扬（中国）
女子接力	加拿大队	韩国队	日本队

1998 年世界短道速滑锦标赛（地点：奥地利维也纳）

项目	冠军	亚军	季军
男子全能	马克·加侬（加拿大）	卡尔塔（意大利）	金东圣（韩国）
500 米	冯凯（中国）	贝达德（加拿大）	袁野（中国）
1000 米	马克·加侬（加拿大）	寺尾悟（日本）	卡尔塔（意大利）
1500 米	马克·加侬（加拿大）	卡尔塔（意大利）	金东圣（韩国）
3000 米	金东圣（韩国）	安东尼奥利（意大利）	卡尔塔（意大利）
男子接力	加拿大队	韩国队	中国队
女子全能	杨扬（中国）	全利卿（韩国）	王春露（中国）
500 米	王春露（中国）	佩罗（加拿大）	坎克里尼（意大利）
1000 米	杨扬（中国）	全利卿（韩国）	金润美（韩国）
1500 米	杨扬（中国）	王春露（中国）	拉达诺娃（保加利亚）
3000 米	全利卿（韩国）	杨扬（中国）	拉达诺娃（保加利亚）
女子接力	中国队	韩国队	美国队

1999 年世界短道速滑锦标赛（地点：保加利亚索非亚）

项目	冠军	亚军	季军
男子全能	李佳军（中国）	寺尾悟（日本）	卡尔塔（意大利）
500 米	李佳军（中国）	阿波罗（美国）	卡尔塔（意大利）
1000 米	寺尾悟（日本）	金东圣（韩国）	奎因（加拿大）
1500 米	卡尔塔（意大利）	寺尾悟（日本）	李佳军（中国）
3000 米	李佳军（中国）	寺尾悟（日本）	卡尔塔（意大利）
男子接力	中国队	韩国队	加拿大队
女子全能	杨扬（中国）	杨阳（中国）	金汶贞（韩国）
500 米	杨扬（中国）	拉达诺娃（保加利亚）	杨阳（中国）
1000 米	杨扬（中国）	杨阳（中国）	金汶贞（韩国）
1500 米	杨阳（中国）	杨扬（中国）	金汶贞（韩国）
3000 米	杨扬（中国）	金汶贞（韩国）	杨阳（中国）
女子接力	中国队	意大利队	保加利亚队

2000 年世界短道速滑锦标赛（地点：英国谢菲尔德）

项目	冠军	亚军	季军
男子全能	闵龙（韩国）	贝达德（加拿大）	李佳军（中国）
500 米	贝达德（加拿大）	威因斯汀（美国）	寺尾悟（日本）
1000 米	李佳军（中国）	安玉龙（中国）	威因斯汀（美国）

续表

项目	冠军	亚军	季军
1500 米	闵龙（韩国）	贝达德（加拿大）	寺尾悟（日本）
3000 米	闵龙（韩国）	李佳军（中国）	威因斯汀（美国）
男子接力	中国队	日本队	意大利
女子全能	杨扬（中国）	安尚美（韩国）	杨阳（中国）
500 米	拉达诺娃（保加利亚）	杨阳（中国）	安尚美（韩国）
1000 米	杨扬（中国）	杨阳（中国）	朱敏真（韩国）
1500 米	杨扬（中国）	朴慧元（韩国）	朱敏真（韩国）
3000 米	安尚美（韩国）	杨扬（中国）	佩罗（加拿大）
女子接力	中国队	韩国队	加拿大队

2001 年世界短道速滑锦标赛（地点：韩国全州）

项目	冠军	亚军	季军
男子全能	李佳军（中国）	阿波罗（美国）	马克·加侬（加拿大）
500 米	李佳军（中国）	吉尔梅特（加拿大）	卡尼诺（意大利）
1000 米	李佳军（中国）	阿波罗（美国）	闵龙（韩国）
1500 米	马克·加侬（加拿大）	闵龙（韩国）	寺尾悟（日本）
3000 米	阿波罗（美国）	马克·加侬（加拿大）	吉尔梅特（加拿大）
男子接力	美国队	加拿大队	中国队
女子全能	杨扬（中国）	王春露（中国）	拉达诺娃（保加利亚）
500 米	王春露（中国）	杨扬（中国）	杨阳（中国）
1000 米	杨扬（中国）	王春露（中国）	杨阳（中国）
1500 米	杨扬（中国）	拉达诺娃（保加利亚）	德罗莱特（加拿大）
3000 米	杨扬（中国）	王春露（中国）	拉达诺娃（保加利亚）
女子接力	中国队	韩国队	保加利亚队

2002 年世界短道速滑锦标赛（地点：英国谢菲尔德）

项目	冠军	亚军	季军
男子全能	金东圣（韩国）	安贤洙（韩国）	卡尔塔（意大利）
500 米	金东圣（韩国）	卡尔塔（意大利）	比奥多（美国）
1000 米	金东圣（韩国）	安贤洙（韩国）	贝达德（加拿大）
1500 米	金东圣（韩国）	吉尔梅特（加拿大）	鲁斯特－史密斯（美国）

项目	冠军	亚军	季军
3000 米	金东圣（韩国）	安贤洙（韩国）	卡尔塔（意大利）
男子接力	韩国队	加拿大队	中国队
女子全能	杨扬（中国）	高基玄（韩国）	拉达诺娃（保加利亚）
500 米	杨扬（中国）	拉达诺娃（保加利亚）	付天余（中国）
1000 米	杨扬（中国）	高基玄（韩国）	拉达诺娃（保加利亚）
1500 米	杨扬（中国）	高基玄（韩国）	古列特－纳丹（加拿大）
3000 米	崔恩景（韩国）	拉达诺娃（保加利亚）	高基玄（韩国）
女子接力	韩国队	中国队	加拿大队

2003 年世界短道速滑锦标赛（地点：波兰华沙）

项目	冠军	亚军	季军
男子全能	安贤洙（韩国）	李佳军（中国）	宋锡雨（韩国）
男子 500 米	李佳军（中国）	李野（中国）	宋锡雨（韩国）
男子 1000 米	李佳军（中国）	安贤洙（韩国）	莫内特（加拿大）
男子 1500 米	安贤洙（韩国）	宋锡雨（韩国）	李承宰（韩国）
男子 3000 米	安贤洙（韩国）	阿波罗（美国）	宋锡雨（韩国）
男子接力	韩国队	加拿大队	中国队
女子全能	崔恩景（韩国）	杨扬（中国）	金敏智（韩国）
女子 500 米	杨扬（中国）	艾米莉（加拿大）	付天宇（中国）
女子 1000 米	拉丹诺娃（保）	崔恩景（韩国）	杨扬（中国）
女子 1500 米	崔恩景（韩国）	金敏智（韩国）	杨扬（中国）
女子 3000 米	金敏智（韩国）	崔恩景（韩国）	赵海利（韩国）
女子接力	中国队	加拿大队	保加利亚队

2004 世界短道速滑锦标赛（地点：瑞典哥德堡）

项目	冠军	亚军	季军
男子全能	安贤洙（韩国）	宋锡雨（韩国）	李佳军（中国）
男子 500 米	宋锡雨（韩国）	李蒿楠（中国）	李野（中国）
男子 1000 米	安贤洙（韩国）	李佳军（中国）	卡尔塔（意大利）
男子 1500 米	安贤洙（韩国）	乔纳森（加拿大）	宋锡雨（韩国）
男子 3000 米	安贤洙（韩国）	宋锡雨（韩国）	李野（中国）

项目	冠军	亚军	季军
男子接力	韩国队	中国队	意大利队
女子全能	崔恩景（韩国）	王濛（中国）	边城昌（韩国）
女子 500 米	王濛（中国）	卡普索（意大利）	崔恩景（韩国）
女子 1000 米	崔恩景（韩国）	边城昌（韩国）	付天宇（中国）
女子 1500 米	崔恩景（韩国）	王濛（中国）	克劳斯（加拿大）
女子 3000 米	边城昌（韩国）	付天宇（中国）	卡普索（意大利）
女子接力	韩国队	中国队	意大利队

2005 年世界短道速滑锦标赛（地点：中国北京）

项目	冠军	亚军	季军
男子全能	安贤洙（韩国）	阿波罗（美国）	特卜布特（加拿大）
男子 500 米	特卜布特（加拿大）	哈姆林（加拿大）	安贤洙（韩国）
男子 1000 米	阿波罗（美国）	安贤洙（韩国）	李佳军（中国）
男子 1500 米	安贤洙（韩国）	特卜布特（加拿大）	李承勋（韩国）
男子 3000 米	阿波罗（美国）	安贤洙（韩国）	李承勋（韩国）
男子接力	加拿大	韩国队	美国队
女子全能	陈善友（韩国）	崔恩景（韩国）	姜允美（韩国）
女子 500 米	杨扬（中国）	王濛（中国）	付天宇（中国）
女子 1000 米	崔恩景（韩国）	陈善友（韩国）	王濛（中国）
女子 1500 米	陈善友（韩国）	姜允美（韩国）	王濛（中国）
女子 3000 米	姜允美（韩国）	陈善友（韩国）	崔恩景（韩国）
女子接力	加拿大队	中国队	法国队

2006 年世界短道速滑锦标赛（地点：美国明尼阿波利斯）

项目	冠军	亚军	季军
男子全能	安贤洙（韩国）	李浩锡（韩国）	特卜布特（加拿大）
男子 500 米	特卜布特（加拿大）	李蒿楠（中国）	李浩锡（韩国）
男子 1000 米	安贤洙（韩国）	李浩锡（韩国）	哈姆林（加拿大）
男子 1500 米	安贤洙（韩国）	李浩锡（韩国）	吴世仲（韩国）
男子 3000 米	哈姆林（加拿大）	特卜布特（加拿大）	吴世仲（韩国）
男子接力	加拿大队	中国队	美国队

项目	冠军	亚军	季军
女子全能	陈善友（韩国）	王濛（中国）	罗贝格（加拿大）
女子500米	王濛（中国）	付天宇（中国）	罗贝格（加拿大）
女子1000米	陈善友（韩国）	王濛（中国）	罗贝格（加拿大）
女子1500米	陈善友（韩国）	王濛（中国）	崔恩景（韩国）
女子3000米	陈善友（韩国）	王濛（中国）	巴维尔（美国）
女子接力	中国队	加拿大队	意大利队

2007年世界短道速滑锦标赛（地点：意大利米兰）

项目	冠军	亚军	季军
男子全能	安贤洙（韩国）	哈姆林（加拿大）	阿波罗（美国）
男子500米	哈姆林（加拿大）	特卜布特（加拿大）	安贤洙（韩国）
男子1000米	安贤洙（韩国）	哈姆林（加拿大）	阿波罗（美国）
男子1500米	阿波罗（美国）	罗迪加里（意大利）	安贤洙（韩国）
男子3000米	宋景泽（韩国）	安贤洙（韩国）	阿波罗（美国）
男子接力	韩国队	加拿大	美国队
女子全能	陈善友（韩国）	郑恩珠（韩国）	罗贝格（加拿大）
女子500米	罗贝格（加拿大）	阿里安娜（意大利）	郑恩珠（韩国）
女子1000米	陈善友（韩国）	郑恩珠（韩国）	周洋（中国）
女子1500米	郑恩珠（韩国）	陈善友（韩国）	边城昌（韩国）
女子3000米	陈善友（韩国）	郑恩珠（韩国）	周洋（中国）
女子接力	韩国队	中国队	加拿大队

2008年世界短道速滑锦标赛（地点：韩国江原道）

项目	冠军	亚军	季军
男子全能	阿波罗（美国）	李浩锡（韩国）	宋景泽（韩国）
男子500米	阿波罗（美国）	哈姆林（加拿大）	宋景泽（韩国）
男子1000米	李浩锡（韩国）	阿波罗（美国）	宋景泽（韩国）
男子1500米	宋景泽（韩国）	李浩锡（韩国）	乐维勒（美国）
男子3000米	李承勋（韩国）	乐维勒（美国）	阿波罗（美国）
男子接力	韩国队	加拿大队	英国队
女子全能	王濛（中国）	周洋（中国）	杨熙云（韩国）

续表

项目	冠军	亚军	季军
女子 500 米	王濛（中国）	刘秋宏（中国）	罗贝格（加拿大）
女子 1000 米	王濛（中国））	周洋（中国）	罗贝格（加拿大）
女子 1500 米	王濛（中国）	杨熙云（韩国）	周洋（中国）
女子 3000 米	周洋（中国）	郑恩珠（韩国）	鲁特尔（美国）
女子接力	韩国队	加拿大队	中国队

2009 年世界短道速滑锦标赛（地点：奥地利维也纳）

项目	冠军	亚军	季军
男子全能	李浩锡（韩国）	切尔斯基（美国）	哈姆林（加拿大）
男子 500 米	哈姆林（加拿大）	郭润起（韩国）	奥利弗（加拿大）
男子 1000 米	李浩锡（韩国）	阿波罗（美国）	切尔斯基（美国）
男子 1500 米	李浩锡（韩国）	郭润起（韩国）	切尔斯基（美国）
男子 3000 米	切尔斯基（美国）	李浩锡（韩国）	哈姆林（加拿大）
男子接力	美国队	中国队	日本队
女子全能	王濛 81 分	金敏晶 76 分	周洋 63 分
女子 500 米	王濛（中国）	刘秋宏（中国）	杰西卡（加拿大）
女子 1000 米	王濛（中国）	金敏晶（韩国）	申新春（韩国）
女子 1500 米	金敏晶（韩国）	周洋（中国）	申新春（韩国）
女子 3000 米	周洋（中国）	金敏晶（韩国）	申新春（韩国）
女子接力	中国队	韩国队	加拿大队

2010 年世界短道速滑锦标赛（地点：波兰华沙）

项目	冠军	亚军	季军
男子全能	李浩锡（韩国）86 分	郭润起（韩国）76 分	梁文豪（中国）47 分
男子 500 米	梁文豪（中国）	小哈梅林（加拿大）	特卜布特（加拿大）
男子 1000 米	李浩锡（韩国）	郭润起（韩国）	切尔斯基（美国）
男子 1500 米	郭润起（韩国）	盛锡贝（韩国）	李浩锡（韩国）
男子 3000 米	李浩锡（韩国）	郭润起（韩国）	切尔斯基（美国）
男子接力	韩国队	美国队	德国队
女子全能	朴升智（韩国）72 分	王濛（中国）68 分	赵海丽（韩国）55 分
女子 500 米	王濛（中国）	罗贝格（加拿大）	圣格莱斯（加拿大）

项目	冠军	亚军	季军
女子 1000 米	王濛（中国）	赵海丽（韩国）	鲁特尔（美国）
女子 1500 米	朴升智（韩国）	李恩星（韩国）	赵海丽（韩国）
女子 3000 米	朴升智（韩国）	赵海丽（韩国）	李恩星（韩国）
女子接力	韩国队	加拿大队	美国队

2011 年世界短道速滑锦标赛（地点：英国谢菲尔德）

项目	冠军	亚军	季军
男子全能	卢真圭（韩国）	哈姆林（加拿大）	梁文豪（中国）
男子 500 米	赵－西蒙（美国）	奥利弗（加拿大）	梁文豪（中国）
男子 1000 米	卢真圭（韩国）	哈姆林（加拿大）	梁文豪（中国）
男子 1500 米	卢真圭（韩国）	哈姆林（加拿大）	西蒙－杰夫（美国）
男子 3000 米	卢真圭（韩国）	梁文豪（中国）	西蒙－杰夫（美国）
男子接力	加拿大队	德国队	美国队
女子全能	赵海丽（韩国）	鲁特尔（美国）	方塔娜（意大利）
女子 500 米	范可新（中国）	方塔娜（意大利）	刘秋宏（中国）
女子 1000 米	赵海丽（韩国）	方塔娜（意大利）	鲁特尔（美国）
女子 1500 米	鲁特尔（美国）	朴升智（韩国）	赵海丽（韩国）
女子 3000 米	赵海丽（韩国）	鲁特尔（美国）	刘秋宏（中国）
女子接力	中国队	荷兰队	加拿大队

2012 年世界短道速滑锦标赛（地点：中国上海）

项目	冠军	亚军	季军
男子全能	郭润起（韩国）	卢真圭（韩国）	奥利弗（加拿大）
男子 500 米	奥利弗（加拿大）	哈姆林（加拿大）	郭润起（韩国）
男子 1000 米	郭润起（韩国）	卢真圭（韩国）	哈梅林（加拿大）
男子 1500 米	卢真圭（韩国）	郭润起（韩国））	申达吾（韩国）
男子 3000 米	郭润起（韩国）	卢真圭（韩国）	申达吾（韩国）
男子接力	加拿大队	荷兰队	韩国队
女子全能	李坚柔（中国）	马尔泰斯（加拿大）	方塔娜（意大利）
女子 500 米	范可新（中国）	方塔娜（意大利）	拉娜－格林（美国）
女子 1000 米	赵海丽（韩国）	李坚柔（中国）	马尔泰斯（加拿大）

续表

项目	冠军	亚军	季军
女子1500米	李坚柔（中国）	刘秋宏（中国）	德罗莱特（加拿大）
女子3000米	马尔泰斯（加拿大）	方塔娜（意大利）	德罗莱特（加拿大）
女子接力	中国队	美国队	韩国队

2013年世界短道速滑锦标赛（地点：匈牙利德布勒森）

项目	冠军	亚军	季军
男子全能	申达吾（韩国）89	金云载（韩国）55	哈梅林（加）39
男子500米	梁文豪（中国）	安贤洙（俄罗斯）	范德沃尔特（荷兰）
男子1000米	申达吾（韩国）	肯特（荷兰）	哈梅林（加拿大）
男子1500米	申达吾（韩国）	金云载（韩国）	哈梅林（加拿大）
男子3000米	金云载（韩国）	申达吾（韩国）	哈梅林（加拿大）
男子接力	加拿大队	俄罗斯队	荷兰队
女子全能	王濛（中国）68	朴升智（韩国）58	沈石溪（韩国）55
女子500米	王濛（中国）	朴升智（韩国）	范可新（中国）
女子1000米	王濛（中国）	特－莫尔斯（荷兰）	克里斯蒂（英国）
女子1500米	朴升智（韩国）	沈石溪（韩国）	格莱斯（加拿大）
女子3000米	沈石溪（韩国）	格莱斯（加拿大）	特－莫尔斯（荷兰）
女子接力	中国队	加拿大队	日本队

男子世界短道速滑团体奖牌榜（1991～2010）

时间	金牌	银牌	铜牌	举办地
1991年	日本	韩国	加拿大	韩国
1992年	韩国	意大利	日本	日本
1993年	意大利	加拿大	韩国	匈牙利
1994年	韩国	加拿大	意大利	加拿大
1995年	加拿大	韩国	美国	荷兰
1996年	加拿大	韩国	意大利	美国
1997年	韩国	日本	意大利	韩国
1998年	加拿大	韩国	意大利	意大利
1999年	中国	加拿大	日本	美国
2000年	加拿大	韩国	意大利	荷兰

续表

时间	金牌	银牌	铜牌	举办地
2001 年	加拿大	中国	韩国	日本
2002 年	中国	加拿大	韩国	美国
2003 年	加拿大	韩国	中国	保加利亚
2004 年	韩国	加拿大	意大利	俄罗斯
2005 年	加拿大	韩国	中国	韩国
2006 年	韩国	加拿大	中国	加拿大
2007 年	加拿大	韩国	意大利	匈牙利
2008 年	美国	加拿大	韩国	中国
2009 年	韩国	加拿大	美国	荷兰
2010 年	韩国	加拿大	中国	意大利

女子世界短道速滑团体奖牌榜（1991～2010）

时间	金牌	银牌	铜牌	举办地
1991 年	加拿大	中国	荷兰	韩国
1992 年	韩国	日本	中国	日本
1993 年	意大利	韩国	俄罗斯	匈牙利
1994 年	加拿大	韩国	意大利	加拿大
1995 年	韩国	中国	加拿大	荷兰
1996 年	韩国	意大利	美国	美国
1997 年	韩国	加拿大	日本	韩国
1998 年	中国	韩国	加拿大	意大利
1999 年	中国	加拿大	韩国	美国
2000 年	中国	韩国	日本	荷兰
2001 年	中国	韩国	加拿大	日本
2002 年	韩国	中国	加拿大	美国
2003 年	韩国	中国	意大利	保加利亚
2004 年	韩国	中国	意大利	俄罗斯
2005 年	韩国	中国	加拿大	韩国
2006 年	韩国	中国	加拿大	加拿大
2007 年	韩国	中国	加拿大	匈牙利
2008 年	中国	韩国	加拿大	中国
2009 年	中国	韩国	美国	荷兰
2010 年	韩国	加拿大	意大利	意大利

2010 年冬奥会滑冰名次

短道速滑奖牌榜

项目	金牌得主	银牌得主	铜牌得主
男子 1500 米	李正秀（韩国）	阿波罗（美国）	凯尔斯基（美国）
女子 500 米	王濛（中国）	马列安妮（加拿大）	方塔娜（意大利）
男子 1000 米	李正秀（韩国）	李浩锡（韩国）	阿波罗（美国）
女子 1500 米	周洋（中国）	李恩星（韩国）	朴升智（韩国）
女子 3000 米接力	中国	加拿大	美国
女子 1000 米	王濛（中国）	鲁特儿（美国）	朴升智（韩国）
男子 5000 米接力	加拿大	韩国	美国
男子 500 米	查尔斯－哈梅林（加拿大）	成始柏（韩国）	特姆布雷（加拿大）

速度滑冰奖牌榜

项目	金牌得主	银牌得主	铜牌得主
男子 5000 米	克拉默（荷兰）	李承勋（韩国）	伊凡－斯科布列夫（俄罗斯）
女子 3000 米	萨布利科娃（捷克）	贝克特（德国）	格洛夫斯（加拿大）
男子 500 米	莫太范（韩国）	长岛庆一郎（日本）	加藤条治（日本）
女子 500 米	李相花（韩国）	沃尔夫（德国）	王北星（中国）
男子 1000 米	戴维斯（美国）	莫太范（韩国）	赫德里克（美国）
女子 1000 米	内斯比特（加拿大）	格林特森（荷兰）	瑞森（荷兰）
男子 1500 米	马克（荷兰）	戴维斯（美国）	博格（挪威）
女子 1500 米	伊林－伍斯特（荷兰）	格罗沃斯（加拿大）	萨布利科娃（捷克）
男子 10000 米	李承勋（韩国）	斯科布列夫－伊凡（俄罗斯）	德容－鲍勃（荷兰）
速度滑冰女子 5000 米	萨布里科娃（捷克）	贝克特（德国）	休斯（加拿大）
男子团体追逐赛	加拿大	美国	荷兰
女子团体追逐赛	德国	日本	波兰

花样滑冰奖牌榜

项目	选手	国家地区
双人金牌	申雪/赵宏博	中国
双人银牌	庞清/佟健	中国
双人铜牌	萨维申科/索尔科维	德国
男单金牌	莱萨切克	美国
男单银牌	普鲁申科	俄罗斯
男单铜牌	高桥大辅	日本
冰舞金牌	瓦尔图/莫伊尔	加拿大
冰舞银牌	戴维斯/怀特	美国
冰舞铜牌	多姆尼娜/沙巴林	俄罗斯
女单金牌	金妍儿	韩国
女单银牌	浅田真央	日本
女单铜牌	罗切特	加拿大

与滑冰有关的吉尼斯世界纪录

1. 获得奥运会速滑奖牌最多的男选手

芬兰的克拉斯·桑博格（1893～1973年）除了夺得5枚金牌外，还夺得了1枚银牌及1枚并列铜牌，共获得7枚奥运会速滑奖牌，创下该记录，成为获得奥运会速滑奖牌最多的男选手。挪威的伊瓦尔·巴朗格鲁德平了该纪录，自1928年至1936年，他共夺得了4枚金牌、2枚银牌以及1枚铜牌。

2. 获得奥运会速滑奖牌最多的女选手

前民主德国的卡琳·卡尼亚共获得8块奥运会奖牌，史无前例。在1980～1988年之间，她先后夺得了3枚金牌、4枚银牌和1枚铜牌。

3. 获得奥运会速滑金牌最多的男选手

芬兰的克拉斯·桑博格夺得5枚金牌，在1924年和1928年间创下记录。美国的埃里克·亚瑟海登也平了该记录，1980年，在美国纽约普莱西德湖举行的冬季奥运会上，他一举夺得5枚金牌。

4. 获得奥运会速滑金牌最多的女选手

夺得奥运会女子速滑金牌最多的是6枚金牌，该记录是由前苏联的利季亚·帕夫洛夫娜·斯科布利科娃创下的，她在1960年获得2枚金牌，1964年又获得4枚金牌。

5. 获得奥运会短道金牌最多者

获得男子短道速度滑冰金牌最多的是3枚，由韩国的金琦勋创下该记录，他在1992年1000米速滑和接力赛中获金牌。他还获得了1994年的1000米速滑的金牌。加拿大的马克·加尼翁平了上面的纪录。他夺得了1998年500米接力赛和2002年的500米速滑和接力赛的金牌。

获奥运会女子短道速滑金牌最多的是4枚，是由韩国的崔恩景创下该纪录。她获得1994年和1998年女子1000米速滑和接力赛的金牌。

6. 获得奥运会短道奖牌最多者

获得奥运会男子短道速滑奖牌最多的是5枚，这一纪录是由加拿大的马克·加尼翁创下的。他于2002年500米个人速滑、1998年和2002年的500米接力赛共夺得了3枚金牌，加上1994年1000米个人速滑和2002年1500米个人速滑的两枚铜牌，共5枚奖牌。

获得奥运会女子短道速滑奖牌最多的也是5枚，是由韩国的崔恩录创下该记录。她获得4枚金牌，分别为1994年和1998年女子1000米速滑和接力赛，以及1998年500米个人速滑的铜牌。

中国的杨扬平了这一女子记录。她共得了4枚银牌，即1998年的500米速滑、1000米速滑和接力赛，以及2002年的1000米接力赛。她还夺得了2002年的1000米速滑的铜牌。

7. 女子1500米速滑最快者

德国的安妮·弗里辛格于2002年2月20日在美国犹他州盐湖城，以1分54秒2的成绩创下纪录。

8. 女子1500米短道速滑的最快记录

女子1500米短道速度滑冰的记录保持者是韩国的崔恩景，她于2002年2月13日，在美国盐湖城，她以2分21秒69的成绩创造了女子 1500 米短道速滑的最快纪录。

9. 获得世界锦标赛短道速滑冠军最多的人

在起于 1978 年的世界锦标赛短道速滑项目中，最成功的选手是加拿大的马克·加尼翁。他共 4 次夺得男子总分冠军：1993 年、1994 年、1996 年和 1998 年，堪称史无前例。

10. 距离最长的滑冰赛

距离最长的滑冰赛是埃泽斯登特托特滑冰比赛，这一赛事起源于17 世纪，荷兰于 1909～1963 年先后承办了多次比赛：1985～1986 年和1997 年。这一比赛的总赛程为 200 公里。由于天气原因，荷兰不能每年都作东道主，因此其赛场也可以选在世界其他地方。其中有芬兰拉赫蒂附近的韦西耶尔维湖、加拿大的渥太华河。

11. 获得世界锦标赛速度滑冰冠军最多者

男子获世界速度滑冰锦标赛冠军最多的是 5 次。挪威的奥斯卡马蒂森于 1908～1909 年，1912～1914 年创下该纪录。芬兰的克拉斯·桑博格平了该纪录，于 1923 年、1925 年、1928～1929 年和 1931 年创造。

获女子世界速度滑冰锦标赛冠军最多的是 8 次。由德国的贡达·尼普曼·施蒂恩曼 1991～1993 年、1995～1999 年创下了该纪录。

12. 获得单人长道速度滑冰世界锦标赛冠军最多的人

获得单人长道速滑世界锦标赛冠军最多的是 11 次，由德国的贡达·尼普曼·施蒂恩曼创下了该记录。在 1996～2001 年之间，她 11 次夺得了 1500 米、3000 米和 5000 米的冠军。获得男子世界冠军最多的是7 次。荷兰的詹妮·罗默创下该记录。在 1996～2000 年，他 7 次夺得5000 米和 10000 米的冠军。